汽车维修接待

（第 3 版）

主　编　金　明　彭　静

副主编　杨　平　向丽君　涂　健

参　编　谢　越　王诗翔

重庆大学出版社

内容提要

本书借鉴国际职业教育的先进教学理念，突出"以行业需求为导向、以能力为本位、以学生为中心"的原则，把行业能力标准作为专业课程教学目标和鉴定标准，按照能力标准组织教学内容，着重介绍汽车维修接待的工作流程。针对学生的学习特征设计教学活动，将教学活动与模拟或真实的工作场所相融合，引用动态的教学鉴定与教学评估相结合，使"动中学、学中练、练中用"，满足学习者学习需求。

本书可作为应用型本科汽车服务工程专业和高等职业院校汽车类相关专业教学培训的师生用书，是汽车售后服务企业维修接待（服务顾问）岗位的专业培训教材，也是职业自学者的学习用书。

图书在版编目（CIP）数据

汽车维修接待／金明,彭静主编. --3 版. -- 重庆：
重庆大学出版社,2021.11

高职高专汽车技术服务与营销专业系列教材
ISBN 978-7-5624-8660-2

Ⅰ.①汽…　Ⅱ.①金…②彭…　Ⅲ.①汽车维修业—
商业服务—高等职业教育—教材　Ⅳ.①U472.31

中国版本图书馆 CIP 数据核字(2021)第 246453 号

汽车维修接待
（第 3 版）
主　编　金　明　彭　静
副主编　杨　平　向丽君　涂　健
策划编辑：杨粮菊
责任编辑：范　琪　　版式设计：杨粮菊
责任校对：王　倩　　责任印制：张　策
*
重庆大学出版社出版发行
出版人：饶帮华
社址：重庆市沙坪坝区大学城西路 21 号
邮编：401331
电话：(023) 88617190　88617185(中小学)
传真：(023) 88617186　88617166
网址：http://www.cqup.com.cn
邮箱：fxk@ cqup.com.cn（营销中心）
全国新华书店经销
重庆荟文印务有限公司印刷
*
开本：787mm×1092mm　1/16　印张：11.5　字数：180 千
2018 年 12 月第 2 版　2021 年 11 月第 3 版　2021 年 11 月第 4 次印刷
印数：7 001—8 500
ISBN 978-7-5624-8660-2　定价：39.00 元

第 3 版前言

本书根据汽车售后服务企业 4S 模式下维修接待专员的岗位能力而进行编写。

汽车维修接待在汽车 4S 店中是指一个工作岗位，且这个工作岗位对于汽车售后服务企业来说具有举足轻重的作用。在不同的企业里面，汽车维修接待也被称为前台接待，维修前台，业务接待或服务顾问。在汽车 4S 店，通常是指 SA（Service Adviser）或 SC（Service Consultant）。国外的汽车维修接待已有几十年的历史了，许多国家对汽车维修接待这一工作岗位都建立了相应的岗位能力标准。

本书借鉴了德国、澳大利亚等国际职业教育的先进教学理念，突出了"以行业需求为导向、以能力为本位、以学生为中心"的原则，把行业能力标准作为专业课程教学目标和鉴定标准，按照能力标准组织教学内容，针对高职学生的学习特征设计教学活动。本书设计的教学活动环境主要设置在模拟或真实的工作场所，学生通过动中学活动将知识与技能进行有机的交融；通过系列的学习活动熟悉汽车维修接待的工作流程和管理方法；通过小组活动培养学生与人交流、团队合作等关键通识能力；通过案例分析、任务驱动等学习活动培养分析解决问题能力等等，使学生主动参与到学习过程中，培养学生的职业道德。总之，本书编写结构力求学生在"动中学、学中练、练中用"，为推进高职示范教材建设探索新途径。

本书有 3 个项目、14 个主任务，按照由浅入深、由简单到复杂、由单项到系统、由验证到综合应用的梯度科学编排，任务实施过程详细并配有视频指导，每个学习任务后面均设计有实训工单，覆盖汽车维修接待的主要工作内容。本书配有视频、动画、课件、习题及答案等数字教学资源供学习者还原真实工作过程，提升学习效果。

本书由重庆工业职业技术学院金明（项目二、项目三）、贵州交通职业技术学院彭静（绪论）共同担任主编，重庆工商职业学院杨平（项目一任务 1.2）、重庆电子工程职业学院向丽君（项目一任务 1.1）、重庆世领汽车销售服务有限公司涂健共同担任副主编，参与编写的还有重庆工业职业技术学院谢越、王诗翔。

本书在编写过程中参考了大量国内外有关书籍和借鉴行业汽车维修接待的培训手册和资料，谨在此向其作者及资料提供者表示深切的谢意。

由于编者水平有限，书中不妥之处，恳请读者和专家批评、指正。

编　者

2021 年 5 月

目　录

绪　论

1.学习目标

根据汽车维修企业的维修接待从业人员须具备的基本素质和岗位能力,本教材始终围绕从业人员必须具备的能力进行编写,通过学习,力求帮助学习者具有先进的服务理念和意识,并能掌握一定的在实际工作中运用实施的方法和技巧。该能力由以下方面组成:

基础知识
(1)有关职场健康安全法规、环境保护法、设备、材料和个人安全要求知识
(2)维修接待的重要性
(3)SA 的作用和工作内容
(4)维修接待的工作流程
(5)维修接待必须具备的商务礼仪知识
(6)与服务意识相关的知识
(7)汽车维修服务的含义
(8)客户异议的类型及处理技巧
(9)客户抱怨的类型及处理技巧
(10)客户投诉的类型及处理技巧
(11)汽车紧急救援的流程
(12)保险理赔业务流程
(13)顾客满意度与服务提升管理

续表

基本技能
（1）确认汽车维修企业规定的 SA 接待工作流程，能根据流程的要求随时展开接待工作 （2）根据不同客户的不同需求，提供差异化的接待服务 • 客户来店的目的是什么？
• 如何在不同的客户面前展现 SA 的亲和力和专业性？ • 客户在汽车维修前最关心的是什么？ • 客户在汽车维修过程中担心什么？ • 客户在汽车维修完成后还需要什么？ • 客户异议的真实目的是什么？ • 客户为何产生抱怨？ • 客户投诉的应对技巧有哪些？ • 保险理赔业务流程是什么样的？ • 怎样提升顾客的满意度？ （3）对现状进行分析，总结维修接待流程中哪些步骤在哪些情况下可以省略，哪些情况下必须要严格按照步骤执行

关键能力
（1）收集、分析和组织信息能力 收集汽车维修企业的信息和资料，解释不同汽车维修企业应用不同步骤的汽车维修接待流程之间的区别和联系。 （2）交流想法和信息能力 • 应用简明的语言和交流技巧，与顾客和团队成员进行交流。 • 应用询问和主动倾听的顾客需求，从顾客处获得信息。 • 应用口头交流向顾客说明维修方案。 （3）计划和组织活动能力 计划维修工作，充分利用时间和资源，区分重点和监督自己工作。 （4）团队工作能力 在团队工作中，理解和响应顾客需求，与他人有效互动，共同完成工作目标。 （5）解决问题能力 面对客户异议、抱怨和投诉时，寻求到解决问题的方法和技巧。 （6）应用数学思想和方法能力 根据入厂履历，推算顾客车辆的保养周期。 根据维修项目的确定，正确进行估价和结算。 根据车间工作计划，正确实施交车时间的管理 （7）应用技术能力 在汽车维修企业工作中，应用合适的工具、采取合理的方法推进各个岗位协调一致，达成对顾客车辆维修前的承诺。

续表

素质养成
(1)树立服务意识、效率意识、规范意识
(2)文明礼仪的熏陶和社交礼仪的养成
(3)爱岗敬业的职业道德和严谨务实的工作作风
(4)人际交流,客户关系维护能力
(5)团队目标实现的大局意识和团队能力
(6)培养诚信、友善的价值观
(7)培养良好的沟通能力

2.学习前学习者应具备的能力

在开始学习这个科目之前,学生必须完成以下能力的学习:

- 确认安全操作规范。
- 运用安全工作条例。
- 使用和维护工具设备、测量仪器。
- 识别汽车零部件与总成。
- 汽车文化。
- 汽车维护和保养。

3.课程学习方法

(1)单元学习内容和学习方法建议如下表所示。

单元学习内容和学习方法建议

单元名称 （能力要素）	学习内容 （能力实作指标）	学习方法建议						
		叙述式	互动式	小组讨论	案例分析	角色扮演	实作演示	现实模拟
项目一 认识汽车维修接待的重要性	任务1.1 认识汽车维修接待的作用和工作内容	√	√					
	任务1.2 树立为顾客服务的意识	√		√				
项目二 实施汽车维修接待流程	任务2.1 实施保养提醒与预约工作流程	√	√	√				
	任务2.2 实施预约准备工作流程	√	√	√		√	√	√
	任务2.3 实施汽车维修车辆接待流程	√	√	√		√	√	√

续表

单元名称 （能力要素）	学习内容 （能力实作指标）	学习方法建议						
		叙述式	互动式	小组讨论	案例分析	角色扮演	实作演示	现实模拟
项目二　实施汽车维修接待流程	任务2.4　实施生产作业工作流程	√	√	√		√	√	√
	任务2.5　实施交车工作流程	√	√	√		√	√	√
	任务2.6　实施维修后跟踪服务流程	√	√	√		√	√	√
项目三　运用顾客关怀技巧	任务3.1　运用顾客关怀技巧	√				√		
	任务3.2　处理顾客异议	√	√	√	√	√	√	√
	任务3.3　处理客户抱怨	√	√	√		√	√	√
	任务3.4　实施紧急救援	√	√	√		√	√	√
	任务3.5　实施事故车辆的维修接待流程	√		√	√	√	√	√
	任务3.6　处理客户投诉事件	√	√	√		√	√	√

（2）学习步骤。学生学习可以按照学习材料在课堂学习（包括实习场地），也可以根据自己具备的基本能力，按照学习材料自己制订学习计划进行学习。其教学（学习）步骤如下：

第一步：打开学生用书，学习理论知识。

①学生用书指导（图标提示）你应该做什么？

②学生用书中的问题考察你的知识点。

③回答学生用书中的问题。

④请你的教师鉴定你的学习成果。

第二步：完成理论知识部分问题后，进行技能操作学习。

①进行实做活动。

②找到你即将工作需要的工具和设备。

③完成你的学生用书中的实作任务。

④让教师鉴定你的技能，这可能包含所有文档中的任务。

注意：在遇到下列困难时，教师将帮助你继续学习。

● 理论知识

● 查找资料信息

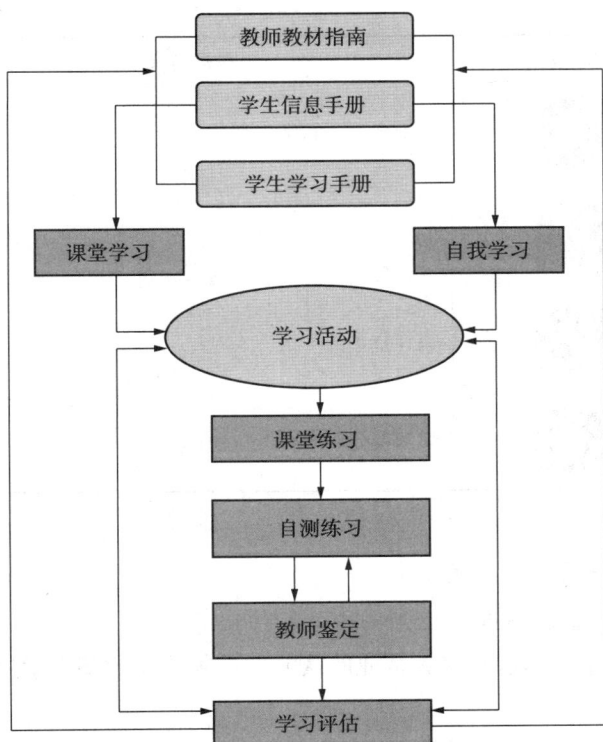

- 理解和完成实作任务
- 理解你为何必须做某些事
- 学习中任何其他问题

记住:有问题一定要告诉教师寻求帮助。

（3）图标介绍。在学习中,教师和学习者根据书中图标提示的学习步骤及要求进行教学,图标的含义如下表所示。

图标的含义

图　标	图标含义
	学习目标
	学习资源和学习信息
	可提供学习的环境和使用的设备

续表

图　标	图标含义
	安全警告、注意事项
	问题
	实作任务
	学习鉴定

4.课程学习鉴定指南

（1）鉴定标准。

根据汽车售后服务企业的从业人员须具备的基本素质和岗位能力。

（2）鉴定关键证据。

考察学习者在变化的工作情况下,采用应对措施的能力。

● 遵守安全操作规范。

● 有效与相关工作人员和客户交流。

● 选择适合工作情况的管理方法和技能。

● 完成一系列工作准备活动。

● 在规定时间内,完成相应的企业管理有关的表格设计。

（3）鉴定范围。

● 基础知识和技能可以在岗或离岗进行鉴定。

● 实践技能的鉴定应当在经过一段时间的指导实践和重复练习取得经验后进行。不能提供职场实施鉴定,鉴定可以在模拟的工作场所进行。

● 规定的产出也必须在没有直接的指导下完成。

（4）鉴定方法。

鉴定必须符合企业生产实际情况和安全操作规范,必须确认知识与技能的一致性和准确性。

（5）鉴定时间安排。

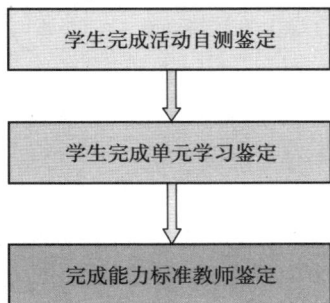

```
┌─────────────────────────┐
│   学生完成活动自测鉴定   │
└─────────────────────────┘
            │
            ▼
┌─────────────────────────┐
│   学生完成单元学习鉴定   │
└─────────────────────────┘
            │
            ▼
┌─────────────────────────┐
│   完成能力标准教师鉴定   │
└─────────────────────────┘
```

5.教学评估方法

（1）教学评估目的。教师、学生、教育管理部门是对学生学习需求与效果的及时反馈，是对课程教学活动设计和实施过程的质量监控，是对学生学习参与程度的及时检查。

（2）教学评估的标准。根据汽车售后服务企业的从业人员须具备的基本素质和岗位能力要求进行学习效果和学习需求评估。

（3）教学评估计划。

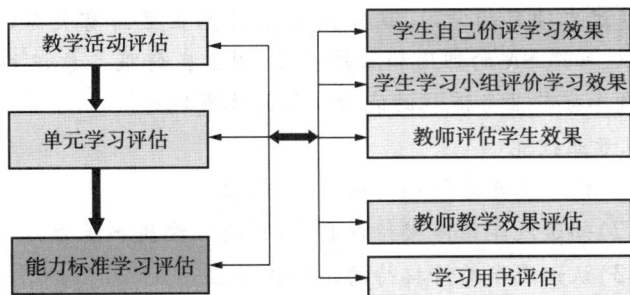

```
┌──────────────┐        ┌────────────────────┐
│ 教学活动评估 │───┐    │ 学生自己价评学习效果 │
└──────────────┘   │    └────────────────────┘
       │           │    ┌────────────────────┐
       ▼           ├───►│ 学生学习小组评价学习效果 │
┌──────────────┐   │    └────────────────────┘
│ 单元学习评估 │◄──┤    ┌────────────────────┐
└──────────────┘   │    │ 教师评估学生效果     │
       │           │    └────────────────────┘
       ▼           │    ┌────────────────────┐
┌────────────────┐ ├───►│ 教师教学效果评估     │
│ 能力标准学习评估 │─┘    └────────────────────┘
└────────────────┘      ┌────────────────────┐
                        │ 学习用书评估         │
                        └────────────────────┘
```

（4）教学评估工具。本书附有学生评估工具，教师和学生可以使用这些评估工具从小组学习、学习用书、教学方法、学习方法、学习鉴定五个方面开展教学评估。教师也可以根据教学中具体情况，自己设计评估问卷进行教学评估，监控教学质量。

项目一

认识汽车维修接待的重要性

项目学习目标

通过本项目的学习，认识汽车维修企业里面有关 SA 的相关知识，知道 SA 的作用和工作内容，树立良好服务意识并获得收集汽车接待业务流程的能力。其具体表现为：

1.专业技能

(1)认识汽车维修接待及其工作内容。

(2)知道汽车维修接待须具备的知识、素质和能力。

(3)认识汽车维修接待的工作流程。

2.素质养成

(1)树立服务意识、效率意识和规范意识。

(2)文明礼仪的熏陶与社交礼仪的养成。

项目学习资源

有关汽车售后服务流程管理的资料，可查询文字或电子文档如下：

(1)各汽车品牌的网上主页。

(2)有关汽车维修行业的法律与法规。

(3)各种介绍汽车维修接待或服务顾问的书籍。

可提供学习的环境和使用的设备

(1)汽车 4S 店售后服务部工作环境。

(2)汽车快修连锁店工作环境。

(3)汽车售后服务企业各岗位职责。

(4)安全的工作环境和工作场所。

(5)汽车维修企业对于前台接待的招聘条件。

项目学习任务

任务 1.1 认识汽车维修接待的作用和工作内容

任务 1.2 树立为顾客服务的意识

学生学习目标检查表

任务 1.1　认识汽车维修接待的作用和工作内容

学习目的

（1）认识汽车维修接待的含义。

（2）知道汽车维修接待须具备的知识。

（3）知道汽车维修接待须具备的素质。

（4）知道汽车维修接待须具备的能力。

（5）认识汽车维修接待的工作流程。

（6）认识汽车维修接待的主要工作职责。

（7）树立服务意识、效率意识和规范意识。

学习信息

一、汽车维修接待的含义

汽车维修接待是指在汽车维修企业中常见的一种工作岗位，在不同的企业里面对这一称呼也不尽相同，如前台接待、服务顾问、维修前台等。较早的汽车维修行业起源于国外，汽车维修接待率先是在国外发展起来的，尽管中文名称不同，但英文表述汽车维修接待无外乎两种方式，即 SA（Service Advisor）或 SC（Service Consultant）。透过字面理解，汽车维修接待即汽车维修服务的建议者，根据汽车的使用情况、维修履历，结合汽车维修的专业知识给车主提出维修项目、维修工时和零配件材料的价格、维修方案的一揽子专业建议。

现代社会，顾客使用汽车的情况不尽相同，即便同一款汽车同时被购买，有可能甲车主经常用于高速公路的行驶，乙车主经常用于上下班代步，丙车主经常用于周末旅行，车主之间行驶的道路条件、使用的频率、行驶的距离都会存在巨大的差异，根据这些差异,汽车需要接受维修服务的内容、频率也会存在差异,因此汽车维修接待就需要根据这些差异为不同的顾客提供差异化的服务。汽车维修接待因为具备汽车维修的专业知识,要给出建设性意见以供顾客参考和决策,以便实施可行的汽车维修方案。

汽车维修接待是一个专门化的工种,未接受过维修接待知识学习或培训的人员是不能直接胜任该工作的。汽车维修接待好比汽车维修服务部门的销售员,对整个汽车维修服务部门的业绩起非常关键的作用。

二、汽车维修接待须具备的知识

为了有效向顾客提供专业的汽车维修服务建议,汽车维修接待须掌握较多的知识,这些知识要有相当的"宽度"和一定的"深度"。比如要接待"苛刻"的顾客,不仅要考虑维修的质量,同时还得提升顾客的满意度;又如要向某顾客详细解释发动机的工作原理,目的是让顾客了解并接受发动机大修的维修方案。总体来说,汽车维修接待需要包含以下基本知识。

1.汽车结构与原理知识

汽车结构与原理知识主要包括:汽车的总体构造、汽车分类及结构特点;汽车行驶的原理;发动机的结构、工作过程及工作原理;手动变速器的结构、工作过程及工作原理;离合器的结构、工作过程及工作原理;电控自动变速器的结构、工作过程及工作原理;无极变速器(CVT)的结构、工作过程及工作原理;安全气囊的结构、工作过程及工作原理;中央门锁和防盗装置的结构、工作过程及工作原理;电控防抱死制动装置(ABS)的结构、工作过程及工作原理;制动系统的结构、工作过程及工作原理;转向系统的结构、工作过程及工作原理;汽车空调系统的结构、工作过程及工作原理;汽车常见电气系统的结构、工作过程及工作原理等。

2.常见汽车故障知识

常见汽车故障知识包括:常见汽车故障现象及产生的原因、引起汽车故障的因素及诊断方法、常见汽车故障诊断的原理、汽车技术状况发生变化的现象及产生原因、汽车故障检测与诊断仪器及设备的使用方法及数据分析等。

3.汽车零配件知识

汽车零配件知识包括：汽车配件的分类、汽车配件储存方法与技巧、汽车配件合理的科学管理、汽车配件耗损规律、汽车配件质量鉴别方法、假冒配件的鉴定方法、汽车配件的修复与更换原则等。

4.汽车维护与修理知识

汽车维护与修理知识包括：车辆功能操作及驾驶操纵性能；汽车维护过程及实施工艺；汽车维修的主要工种及特点；汽车维修设备的分类；汽车维修专用设备的使用方法及注意事项；汽车维修工艺；汽车维修过程及质量管理等。

5.汽车维修服务收费知识

汽车维修服务收费知识包括：维修工时定额与工时费的标准与规定、汽车维修收费计算方法、汽车维修中的几项重要统计指标、服务站管理系统等。

6.保险车辆维修及理赔知识

保险车辆维修及理赔知识包括：机动车辆保险基本知识；保险条款中的免赔责任；保险车辆维修和理赔基本流程等。

7.汽车质量担保知识

汽车质量担保知识包括：新车保修的相关概念及政策；保修原则和质量担保期；新车保修维修和索赔流程；旧件回收；保修费用结算等。

三、汽车维修接待须具备的素质

1.担任汽车维修接待应具备的条件

（1）品格素质要求。

①忍耐与宽容是优秀接待人员的一种美德。

②不轻易承诺，说了就要做到。

③勇于承担责任。

④拥有博爱之心，真诚对待每一个人。

⑤谦虚是做好客户服务工作的要素之一。

⑥强烈的集体荣誉感。

（2）技能素质要求。

①良好的语言表达能力。

②丰富的行业知识及经验。

③熟练的专业技能。

④优雅的形体语言表达技巧。

⑤思维敏捷,具备对客户心理活动的洞察力。

⑥具备良好的人际关系沟通能力。

⑦具备专业的客户服务电话接听技巧。

⑧良好的倾听能力。

（3）综合素质要求。

①"客户至上"的服务观念。

②工作的独立处理能力。

③各种问题的分析解决能力。

④人际关系的协调能力。

2.汽车维修接待的基本素质要求

（1）文化素质。随着汽车工业的迅猛发展和人民生活水平的提高,汽车保有量迅速增长,汽车维修业出现多层次、多形式、各种经营成分并存的局面,规范汽车维修市场是形势发展的必然需要。同时,汽车技术的快速更新,对汽车维修企业的从业人员提出了更高的要求。要成为一名合格的汽车维修接待,一般要求应具有大专以上文化程度。

（2）业务素质。作为汽车维修接待,对其业务能力的具体要求一般有:一是要熟悉国家和汽车维修行业管理有关价格、保险、理赔等方面的法律、法规和政策;二是要对汽车维修专业知识有全面的了解,如汽车的类型及特征、汽车构造及基本原理、汽车材料及零配件知识、汽车维修工艺流程、常见故障及检测设备的主要用途、各工种工艺特点及成本构成等,并具有一定的维修技能及经历;三是具有初步的财务知识,懂得汽车维修收费结算流程;四是要适应企业现代化管理的要求,会开车,能熟练操作计算机,运用相关软件进行本专业的辅助管理工作;五是具有如何关怀顾客的技巧。

（3）思想素质。汽车维修接待的工作岗位直接面对修车的客户,是企业对外的窗口,其思想素质的高低直接影响企业形象,关系企业的业务发展,因此要求汽车维修接待应具备高度的工作责任感和事业心,具有良好的职业道德,爱岗敬业,廉洁奉公,团结协作,诚信无欺,讲究信誉等。

3.汽车维修接待职业道德素质要求

汽车维修接待职业道德规范是在汽车维修职业道德的指导下,结合业务接待的工作特性形成的,是指汽车维修接待进行汽车维修业务接待工作过程中必须遵循的道德标准和行为准则。

汽车维修接待职业道德规范可归纳为:真诚待客,服务周到,收费合理,保证质量。

(1)真诚待客。真诚待客是指汽车维修接待以主动、热情、耐心的态度对待客户,做到认真聆听客户的陈述,耐心回答客户提出的问题,设身处地地理解客户的期望与要求,最大限度与客户达成共识。

客户到企业来,无论是要修车、选购零配件或是咨询有关事宜,归纳起来无非有两个要求:一是对物质的要求,希望能得到满意的商品;二是对精神的要求,希望他(她)的到来能被重视,能得到热情的接待。如果汽车维修接待人员按"真诚待客"的要求接待了他,那对他的欢迎、尊重和关注都会打动他,汽车维修接待的谈吐举止及服务热情会给他留下既深刻又美好的印象。客户精神上得到满足和对汽车维修接待的好感,以及内心感到汽车维修接待可亲可信,还会延伸到客户对这家企业产生好感与信任。真诚待客做得好,也给客户在下一步与企业要进行的经营活动开了个好头。

对待新客户是这样,对待老客户更要维护好业已形成的良好关系,不要因为已经熟识了而怠慢顾客。汽车维修接待出色的工作,虽给老客户留下了良好的印象,但他们仍在随时考察汽车维修接待人员及企业。如果汽车维修接待人员对待他们变得冷淡了、不以为然了,他们会马上作出反应,从思想上,认为汽车维修接待对待他们的态度前后不一致,进而认为对他们是虚伪的、不诚实的,是在利用他们;从行动上,他们会向其他客户宣传不利于企业形象的言论。因此,要真诚待客,无论是新客户还是老客户,都同等对待,做到前后一致、亲疏一致,是非常重要的。

(2)服务周到。服务周到是指在修前、修中和修后向客户提供全方位的优质服务。

①修前服务内容:

a.认真倾听客户对车子故障的描述。

b.迅速诊断汽车故障。

　　c.对维修内容、估算费用和竣工时间进行详细说明,并使客户认可。

　　d.向客户提供有关汽车保养等一些专业建议和其他有关信息。

　　②修中服务内容:

　　a.修理项目要合理,避免重复收费和无故增加不必要的修理项目。

　　b.需要增加维修项目,要耐心、详细地向客户说明,同时要征得客户认可。

　　c.随时了解生产部门施工进度,督促生产部门按时完工。如发现不能按时完工,要及早通知客户,并说明原因,取得客户的谅解。

　　d.结算前要向客户详细说明维修内容、维修费用的组成,并征得客户认可。

　　e.交车时要简要介绍修车过程中的一些特殊情况、车辆现在的状况及使用中应注意的问题等。

　　③修后服务内容:

　　a.建立健全汽车维修技术档案。

　　b.回访。回访客户时要诚恳,对客户提出的所有问题要认真调查。对企业的问题要敢于承担,对一些疑问要耐心解释,必要时要勇于承担责任,不可推诿和敷衍,对客户的表扬和建议要表示感谢。

　　c.处理好质量投诉。处理客户投诉时要做好“双面人”,切勿当着客户的面责怪维修技师或是当着维修技师的面责怪客户。

　　d.做好电话跟踪服务。

　　(3)收费合理。收费合理是指汽车维修企业在承接汽车维修业务时,要做到价格公道,付出多少劳务,就收取多少费用,严格按照交通行政管理部门制订的汽车维修工时定额和收费标准核定企业的维修价格。不乱报工时,不高估冒算,不小题大做,更不能采取不正当的经营手段招揽业务。这种行为,不仅不符合公平交易、公平竞争的道路准则,损害了国家、集体的利益,而且还腐蚀了人们的灵魂,败坏了行业风气乃至社会风气。对这种行业不正之风,汽车维修接待都应该自觉抵制。

　　收费合理,还体现在严格按照工作单上登记的维修、修理项目内容进行收费,不能为了达到多收费的目的擅自改变修理范围和内容,更不能偷工减料,以次充好。这种行为,既有悖于汽车维修职业道德的要求,也是一种自毁信誉、自砸牌子的短期行为。

(4)保证质量。保证质量主要是指保证修车的质量。具体来说,修车过程中各工序要严格按照技术要求和操作规程进行生产;使用的原材料及零配件的规格、性能符合规定的标准;按规定的程序严格进行检验和测试;汽车故障完全排除,丧失的功能得以恢复;车辆使用寿命得以延长等。

汽车维修质量是修车客户最关心的问题。修车质量好,客户满意了,对其他存在的一些小争议、小问题也会变得不那么介意了。由此可见,保证质量是实现客户利益之必需,也是保证企业继续在市场竞争中取得优势之必需。

四、汽车维修接待须具备的能力

(1)具备严肃、认真的工作态度和良好的服务意识。

(2)能够引导和受理客户的车辆维修服务预约。

(3)具备良好的沟通及人际交往能力,能够完成维修车辆用户的登记和接待工作。

(4)能够完成用户车辆的初步故障诊断工作,能够与用户达成维修协议(任务委托书)。

(5)能做好车辆维修后的电话服务跟踪,并做好收集信息和反馈工作。

(6)具备良好的组织协调能力,能够向维修技师传达用户的想法,描述车辆的故障形态,分配维修工作任务。

(7)能圆满完成面向客户的交车工作,并向客户解释维修的相关内容,使客户满意。

(8)能够完成用户档案的建立、完善等工作。

(9)能够正确处理投诉客户的抱怨意见,达成使客户满意的处理意见。

五、汽车维修接待的工作流程

几乎每一个品牌汽车都有自己的维修接待工作流程,汽车维修接待必须按照公司的要求顺利地完成。丰田汽车公司现行的维修接待工作流程有 6 个步骤,简称"六步法";本田汽车的维修接待流程包含 13 个步骤;长安马自达汽车维修接待流程分为 12 个步骤。无论什么品牌,其维修接待工作流程都大同小异,基本涵盖了邀约客户、接待客户、安排维修工作、质量跟进和售后服务回访等工作。下面以丰田"六步法"为例,介绍"六步法"维修接待工作流程。

"六步法"的具体内容如下(图 1-1):

(1)保养提醒与预约。

(2)预约准备。

(3)接待。

(4)生产。

(5)交车。

(6)维修后跟踪服务。

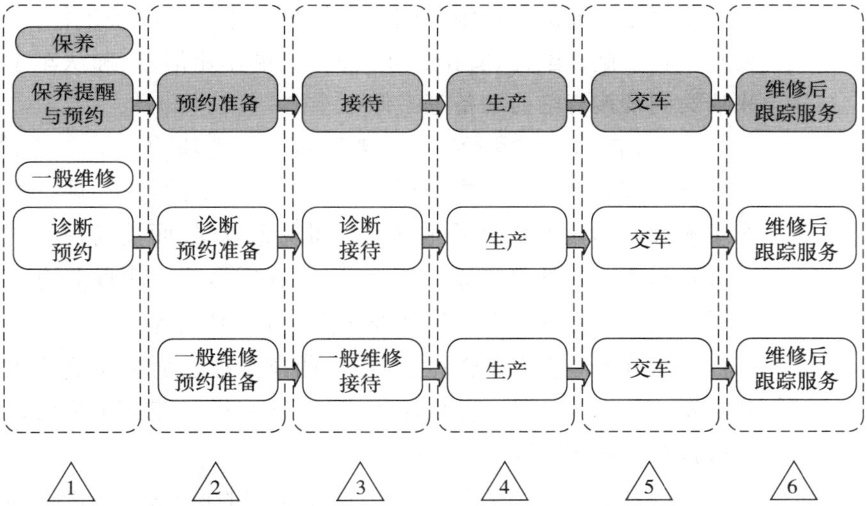

图 1-1　丰田汽车公司维修接待"六步法"工作流程

六、汽车维修接待的主要工作职责

维修接待是汽车服务类企业与顾客之间联系的重要桥梁,汽车厂家、车主、维修服务企业需通过维修接待这一岗位才能联系起来,那么维修接待在服务蓝图的各个场景中的主要职责是什么呢?

1.在预约场景中的主要职责

可以把来店维修的作业过程分为两类:预约作业与突发作业。预约作业是指根据企业维修计划,按时安排的一种作业形式,而突发作业则是随机的,无法预计。因此,由于预约作业的计划性,维修接待的作用也显得尤为重要。从预约的形式上来区分,维修预约可以分为主动预约和被动预约。

(1)在主动预约场景中的主要职责。主动预约是维修接待主动邀请车主来店保养车辆或参加维修企业的各类促销活动。主要的服务对象是店内有相关信息资料的车主。做好主动预约维修接待的主要职责是:

①维修接待要做好客户档案:注意收集和更新客户档案,预计车主的保养周期,根据企业的营销计划主动打电话给车主,提醒车主来店保养维护车辆或参加企业针对车主的各类促销活动,并做好预约信息登记。

②根据企业的预约服务流程做好预约作业的准备工作:主要任务包括确认配件、安排作业时间、提供作业信息、确认车主来店时间及接待前的准备等工作。

(2)在被动预约场景中的主要职责。被动预约是车主主动要求进行服务预约。与主动预约的服务对象不同,主动预约的车主多数对车辆不是很了解或者时间观念较弱,而被动预约的大多数车主则是觉得车辆有故障,或者有较强的车辆保养意识及时间观念。做好被动预约维修接待的主要职责是:

①做好服务咨询工作:主动预约的车主往往面临车辆使用状况不佳的困境,因此,多数车主进行预约时,可能会向维修接待咨询车辆使用方面相关的问题。

②做好预约登记工作:要注意收集车主的信息,以便进行预约准备或相关安排。

③根据预约流程做好预约准备:包括确认备件、安排作业时间、确认车主来店时间及来店前的准备工作。

2.在接待场景中的主要职责

维修接待要做好各类来店车主的接待工作。接待场景既包括对预约作业的接待,也包括对突发作业的接待。维修接待对来店的车主要一视同仁,都予以友好的接待。在这一环节,维修接待的职责主要包括:

(1)问候车主,确认车主需求。客户到来之后,维修接待要友好地接待车主,确认车主是来店保养、维修还是其他的原因,然后根据车主需求提供服务。

（2）进行问诊、预检,做好记录。维修接待要对车辆进行环车检查,并进行问诊。对车辆的状态及车主反映的问题要如实记录,并初步提出维修建议。

（3）估价、估时、制单。维修接待要检查备件库存情况,并预估维修价格,联系车间预估维修时间,征求车主意见后制作派工单。

（4）工作安排。维修接待要做好车主及车辆的安排。首先,安排好车主,确认车主到休息室等待还是离店;其次,对待修车辆进行工作安排,准时到达的预约车辆根据预约流程直接安排作业,其他代修车辆则开到待修区,由维修车间进行排班。

3.在维修过程服务沟通场景中的主要职责

维修接待在车辆维修作业时并不等于工作告一段落,做好维修技师、客户之间的沟通工作同样关系到客户是否满意,在这一环节维修接待的工作包括以下几个方面。

（1）维修过程监督及服务沟通。维修接待要随时关注维修过程,了解维修进度,以备车主咨询。如果发现可能存在维修时间延迟的情况,要提前与车主沟通,以免发生异议。

（2）项目变更处理。在车辆维修时,有很多因素是无法预料的,如果维修的过程中发现维修项目需要变更或需要增加时,维修接待要确认变更项目,并了解备件情况后及时征求车主的同意。只有在征求车主同意的前提下,才能通知维修技师安排维修,如果车主不同意,涉及安全或大的维修项目时,要请车主签字确认,以免后期发生纠纷。

（3）进行交车前的车辆检查。维修接待要在交车前对竣工车辆进行检查,确认维修项目是否均已实施,车辆是否清洁。如果发现疑问,可要求试车员试车,对问题车辆安排内部返工。

4.在交车场景中的主要职责

交车场景是维修接待与客户接触的重要瞬间。

（1）维修接待在交车前要核实维修项目及备件,确认是否有保修项目,计算维修工时及备件价格,计算费用并准备好交车明细和结算单。

（2）解释维修项目，并提供咨询。车主有权知晓维修费用的细节，因此，维修接待要向车主说明维修项目、维修过程和收费情况，对车主提出的疑问，要予以认真解答，对未修项目或遗留问题要明确提醒车主注意。最后，必须引导客户到收银台。

（3）处理好可能出现的客户抱怨。

（4）根据双方的约定结清费用后，维修接待与车主进行车辆交接，并目送车主离去。

5.在服务跟踪处理场景中的主要职责

客户的离去并不代表服务的结束，在这一环节维修接待的主要工作职责是：

（1）对存在遗留问题的客户进行电话回访，了解车辆使用情况，解答客户疑问。

（2）处理车主抱怨、投诉事件，并完成投诉事件处理单。

（3）填写返工作业单，并安排车辆进行外返。

七、实训工单

项目一　实训工单 1　岗位认知			
学院		专业	
姓名		学号	

一、接收工作任务

王丽丽马上要去实习了,一直以来对汽车维修接待非常感兴趣的她决定到 4S 店面试相关工作。为了顺利通过面试,小王做足了准备,并搜集了相关面试问题:

(1)汽车维修接待是干什么的? 需要做哪些工作呢?

(2)汽车维修接待需要具备哪些能力呢?

为了展示自己的理论知识,小王应该如何回答这些问题呢?

二、信息收集

1.判断下面的说法,请在成立的答案后面的"□"打上"√",不成立的答案后面的"□"打上"×"。

(1)汽车维修接待只在汽车维修客户到店的时候发挥作用。□

(2)汽车维修接待不需要汽车维修的专业知识,因为他们本身不负责汽车的维修。□

(3)汽车维修接待必须懂得汽车维修的工艺过程,不需要了解客户的特点特征。□

(4)汽车维修接待可由汽车维修技术人员兼任。□

(5)汽车维修接待在整个汽车维修的过程中起到润滑客户与维修公司的作用,并保证了最终服务的效果。□

2.汽车维修接待的含义?

3.汽车维修接待的工作职责?

4.汽车维修接待需要具备的能力?

续表

	第1步	第2步	第3步	第4步	第5步	第6步	第7步	第8步	第9步	第10步	第11步	第12步
奔驰												
宝马												
奥迪												
大众												
别克												
福特												
日产												
标致												
奇瑞												
长城												
比亚迪												

5.收集相关汽车品牌的汽车维修接待流程,完成下面的表格,并比较他们的异同。

三、制订计划

根据所学知识,制订王丽丽完成服务接待任务的工作计划。

序号	工作场景	主要职责
1	预约场景	
2	接待场景	
3	维修过程沟通场景	
4	交车场景	
5	服务跟踪场景	

四、计划实施

针对以下情境,按照相关要求进行面试训练:

情境:汽车 4S 店的服务经理今天面试小王,问了岗位职责等相关问题。请两个学生一组,设计情境剧本,并完成训练。

五、质量检查

实训指导教师检查作业结果,并针对实训过程出现的问题提出改进措施及建议。

序号	评价标准	评价结果
1	认识汽车维修接待及其工作内容	
2	了解汽车维修接待的工作要求和工作流程	
3	知道汽车维修接待须具备的知识、素质和能力	
4	树立顾客服务意识、效率意识和规范意识	

六、评价反馈

根据自己在本次任务中的实际表现进行评价。

序号	评价标准	评价分值	得分
1	认识汽车维修接待及其工作内容	30	
2	了解汽车维修接待的工作要求和工作流程	30	
3	知道汽车维修接待须具备的知识、素质和能力	20	
4	学习态度、岗位服务意识、效率意识和规范意识	20	
5	合计(总分 100 分)		

任务 1.2　树立为顾客服务的意识

学习目的

(1)认识服务的含义。

(2)知道汽车维修服务的含义。

(3)学会维修接待必须具备的商务礼仪。

(4)判定顾客的性格类别。

(5)树立服务意识、效率意识和规范意识。

(6)文明礼仪的熏陶与社交礼仪的养成。

学习信息

一、服务的含义

服务是一种可以用来交易、客户能够感受,但却无法交到客户手中的一种产品,多年来对于服务有很多种定义,得到多数人认同的一种定义是:服务是一方向另一方提供某种经济活动,通常是通过限时的表演过程,给接受者、物体或买方所负责的其他对象带来所需要的结果。客户可以从员工的劳动专业技能,或企业的设备、网络、系统、器材中获得价值,但是并不拥有对任何实体要素的所有权。

1.服务与实体产品的不同之处

服务是通过行动或表演使客户获得某种感受的产品,因此与通常意义上的产品有很大的不同,我们可以通过表 1-1 来看看实体产品与服务产品的区别。

表 1-1　实体产品与服务产品对比

实体产品	服务产品
如客户购买汽车、衣服、房屋等	如客户接受教育、听音乐会、住宿等
客户购买产品的目的是为了该产品的所有权	客户购买服务,以感受为目的,而不在意其所有权

续表

实体产品	服务产品
产品是客户看得见、摸得着的，是有形的要素在创造价值	提供的服务是看不见、摸不着，但客户可以去感知的，是无形的要素在创造价值
产品可以进行标准化生产，客户并不参与其生产过程	人员是产品的一部分，客户可直接感受员工的行动，有很多可变的因素，服务过程很难标准化
产品生产和消费的过程是分离的	服务的生产和消费同时进行
生产的产品可以储存	提供的服务直接消费，无法退货和转售
客户对时间的要求通常并不强烈	客户希望服务能够在恰当的时间被提供
产品通过实体分销渠道到达客户手中	分销渠道多种多样，有多少种信息的传递途径，就会有多少种服务提供的途径

2.服务的分类

服务是现代社会的重要活动之一,形式多种多样,对服务的划分也有多种方法。通常情况下,下述的这两种划分方式对我们今后的汽车服务工作有很大的指导意义。

（1）按照服务创造和传递的过程来分类。服务的过程就意味着一定的投入和产出,在服务过程中涉及两大因素,即人和物品。在很多情况下,客户本身就是服务过程的主要投入,如交通和教育,而在一些情况下,比如汽车维修,主要的投入是物品。有一些服务过程,行为是有形的,而在一些以信息为基础的服务中,发生的行为则是无形的。据此,我们可以从运营的角度把服务的过程分为4类,如表1-2所示。

表1-2 服务过程分类示意

行为本质		示 例	描 述	运营特征
有形行为	针对人体的服务	乘客运输、美容美发、医疗保健、酒吧、健身等	客户必须积极参与到服务系统之中,并需要花费时间与服务提供者积极配合	服务者需要根据客户经历的事情来考虑服务的过程和结果,以确定客户得到了哪些收益,从而确定非财务成本
	针对实体的服务	货物运输、汽车维修、仓储保管、洗衣和干洗、加油、园艺等	客户参与较少,一般仅限于对所需的服务提出要求,待服务后再领回物品	服务者需要解决客户所提出的问题并令其满意或对实体作出实质性的改善

续表

行为本质		示 例	描 述	运营特征
无形行为	针对人脑的服务	广告/公关、广播电视、娱乐、音乐会、教育、咨询、宗教等	服务者主要针对客户的大脑发生作用,以影响人的思想和行为为目的,通常需要时间的投入	这类服务是以信息为基础的,所以可以通过一定的方式记录下来,以便以后使用
	针对无形资产的服务	会计、银行、数据处理、保险、法律、投资等	服务者主要提供信息服务,可以通过物理的方式记录下来,如信件、光盘、书本等	可以多渠道、多方式地进行远距离交易

(2)按照客户与服务者的接触程度和创造价值的程度来划分。严格来说,产品也可以看作是一种服务的体现形式。随着社会经济的飞速发展,服务的意义越来越丰富,服务的概念涵盖的范围越来越广泛。在现代社会传统意义上的单一实体产品已非常少,更多的情况是服务和实体产品相伴相生,服务已经无处不在。鉴于此,我们可以根据客户与服务者的接触程度和创造价值的能力来区分不同的服务。

①按被服务者参与程度划分,可以把服务业分成3类。

a.高接触性服务业。是指消费者(被服务者)必须参与其中全部或绝大部分活动的行业,如电影院、娱乐场、公共交通、学校等。

b.中接触性服务业。是指消费者只是在特定时间内参与其中的活动的行业,如银行、律师、房地产经纪人等提供的服务。

c.低接触性服务业。是指服务的提供者和消费者不是面对面接触,他们大部分交往是通过仪器设备而进行的行业,如信息中心、批发商业、邮电通信业、车辆维修等行业提供的服务。

②根据纯粹服务成分的高低划分,如图1-2所示,可以把服务业分成3类。

a.高服务成分的服务业。这些行业对物质技术设备的要求一般不高,主要是通过提供纯粹服务劳动来满足消费者要求,无形的服务是为客户创造和提供核心利益的主要源泉,如教育、法律咨询、旅游、金融业等。

b.中服务成分的服务业。这类行业对有形产品和服务水准都有较高的要求,如饮食业、旅店业、设备安装和维修业。

c.低服务成分的服务业。这类行业是指消费者更注重产

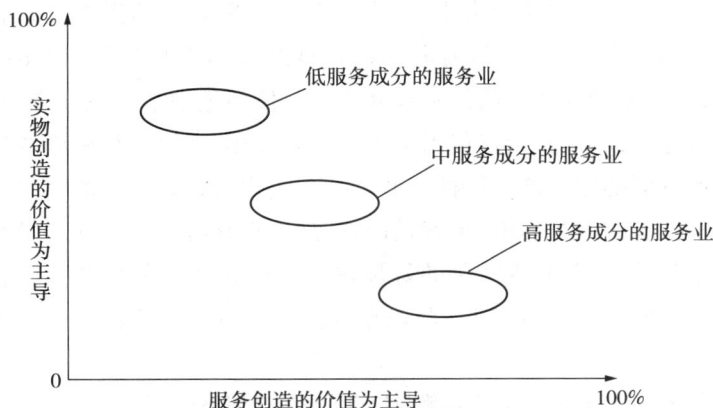

图 1-2 服务成分分类示意图

品,而对服务要求不高的行业。有形的产品是为客户创造和提供核心利益的主要源泉,无形的服务只是满足客户需求、提高客户满意度和附加值部分,如欧美的汽车商店(仅限于汽车销售)、自助商店以及自选市场等。

二、汽车维修服务的含义

在人类发展的历史进程中,汽车比任何一种发明对世界的影响都大,它改变了人的生活方式。通过大众对汽车的广泛认可,它已经不仅仅是一种将货物、人、服务等及时运往较远距离的交通工具,汽车更成为人们表达自由和活动能力的一种最深刻的、最人性化的方式——反映出车主的性格、期待和自我。

汽车和其他产品相比,有很大差别。自汽车诞生的那一天起,汽车服务作为他的孪生兄弟也同时诞生:哥哥——独具魅力的大汽车产品,包括设计、制造和营销等一系列活动,带有强烈的实体产品特征;弟弟——为保证汽车能够持续行驶所必需的服务、维修、维护、支持以及由于汽车而衍生出来的一切服务。汽车销售与汽车售后的服务销售既存在一致性——我们无法单独来考虑售前或售后,而是要进行整体的服务提供;又存在很大的差异性——售前强调产品本身的品质,而售后则强调服务过程的连贯性及客户对服务的感知。

与大多数服务和实体产品不同,汽车产品的消费既有服务消费的特征,也具有实体产品的消费特征。在多数情况下,我们容易把汽车的销售和汽车服务的销售混为一谈。实际上对于从事汽车服务业的企业来讲,汽车售前和售后服务的提供方式有很大的区别:汽车新车销售有着明显的实体产品特征,很多时候,车型质量和性能的优劣在客户的价值衡量中起着主导作用,也就是说,客户不会仅仅因为服务好就买车;而汽车售后服务却有着鲜明的服务产品特征,相较而言,客户更在意等待的时间及汽车性能的恢复程度,也就是说,客户更在意服务提供的质量及其服务的态度,服务质量的好坏程度决定着客户最终的价值考量。我们可以通过表1-3将汽车的销售与汽车维修服务的销售进行对比。

表 1-3　汽车销售与汽车维修服务销售的对比

汽车销售	汽车维修服务销售
汽车可以先生产,再销售,如一辆汽车可以在北京生产,运到上海,几个月后再卖掉,并在以后的几年内消费	汽车售后服务基本上和消费是同时进行的,如汽车维修的过程就是客户消费的过程,客户可以观察甚至参加到生产服务当中
可以进行标准化的生产作业,产品质量可以得到有效控制	售后服务的质量与人有很大关系,不同的客户有不同的服务要求,而服务提供者由于情绪波动等原因也很难做到自始至终的一致服务。服务质量的好坏很大程度上依赖于服务"真实瞬间"发生的情况
汽车可以储存、转售和退回	在售后服务过程中,维修的工时不可存储,一旦服务,则无法再退回或重新出售。例如,维修服务企业闲时工位和技工闲置,而忙时也不可能将原来闲置的工时再行追回
作为汽车产品,很多情况下是可以等待的	由于客户直接参与生产过程,客户对时间的承诺更为在意
客户选择车型的原因主要是汽车本身的性能,服务的好坏并不是客户购车与否的主要原因	客户十分在意汽车维修服务的整个提供过程,维修技术的好坏、服务是否全面周到、态度是否端正热情,都是客户考虑服务价值的主导因素

三、维修接待必须具备的商务礼仪常识

商务礼仪是人们在商务活动中，用以维护企业形象或个人形象，对交往对象表示尊重和友好的行为规范和惯例。对于维修接待来说，学习商务礼仪可以有效塑造自己的素质和专业形象，使交往对象产生规范、严谨、专业、有礼、有节的良好印象。

（一）服务人员的仪容要求

个人的穿着打扮和身体动作是决定外表形象的重点，服务人员与顾客交往时，第一印象非常重要，最直接且最迅速造成印象的就是他的外表形态。对服务人员的仪容要求如表 1-4 所示。

表 1-4　服务人员的仪容要求

部　位	要　求
头发	头发干净整齐，色泽自然，无油汗、头皮屑，不染发，不做奇异发型，男性不留长发。女性不留披肩发，发型文雅、庄重，刘海不得超过眉眼，长发要用发夹夹好，不扎马尾巴，不选用华丽发饰
眼部	无眼屎，无睡意，不充血，不斜视。眼镜端正、洁净明亮。不戴墨镜或有色眼镜。女性不画眼影，不用人造睫毛
耳朵	耳朵内外清洗干净，及时清除耳朵孔中的分泌物，不佩戴耳环
鼻子	鼻腔保持干净，不要让鼻涕或别的东西充塞鼻孔，鼻毛不外露
胡子	刮干净或修剪整齐，不留长胡子，不留八字胡或怪状胡子
嘴部	牙齿整齐洁白，口中无异味，嘴角无泡沫，会客时不嚼口香糖等食物。女性不用深色或艳丽口红
脸	洁净。女性施粉适度，不留痕迹
脖子	清洁，不戴项链和其他饰物
手臂	双手保持清洁，指甲修剪整齐，不得留长指甲，不涂指甲油。不戴结婚戒指以外的戒指。肩部不裸露在外。腋毛不为对方所见
腿部	脚部清洁，无异味，脚趾甲要勤于修剪，不光脚穿鞋子（如拖鞋、凉鞋）等。男性不暴露腿部，女性不穿短裤或超短裙

（二）服务人员的仪态要求

1.站姿

正确的站姿是抬头、目视前方、挺胸直腰、肩平、双臂自然下垂、收腹、双腿并拢直立、脚尖分呈 V 字形,身体重心放到两脚中间;也可两脚分开,比肩略窄,将双手合起,放在腹前或腹后。(图 1-3)

图 1-3　站姿

（1）男性站姿:双脚平行打开,双手握于小腹前或腹后。

（2）女性站姿:双脚要靠拢,膝盖打直,双手握于腹前。

（3）当下列人员走来时应起立:客户或客人;上级和职位比自己高的人。

2.坐姿

入座时要轻,至少要坐满椅子的 2/3,后背轻靠椅背,双膝自然并拢(男性可略分开)。身体稍向前倾,则表示尊重和谦虚。(图 1-4)

图 1-4　坐姿

（1）男性坐姿：可将双腿分开略向前伸，如长时间端坐，可双腿交叉重叠，但要注意将上面的腿向回收，脚尖向下。

（2）女性坐姿：入座前应先将裙角向前收拢，两腿并拢，双脚同时向左或向右放，两手叠放于左右腿上。如长时间端坐可将两腿交叉重叠，但要注意上面的腿向回收，脚尖向下。

3.走姿

（1）男士：抬头挺胸，步履稳健，避免八字步。

（2）女士：脊背挺直，双脚平行前进，步履轻柔自然，避免做作。可右肩背皮包，手持文件夹置于臂膀间。

4.蹲姿

拾取低处的物件时，应保持大方、端庄的蹲姿。一脚在前，一脚在后，两腿向下蹲，前脚全着地，小腿基本垂直于地面后脚跟提起，脚掌着地，臀部向下。（图1-5）

图1-5　蹲姿

5.手势

（1）指引：需要用手指引某样物品或接引顾客和客人时，食指以下靠拢，拇指向内侧轻轻弯曲，指示方向。

（2）招手：向远距离的人打招呼时，伸出右手，右胳膊伸直高举，掌心朝着对方，轻轻摆动。不可向上级和长辈招手。

（3）交际场合不可当众搔头皮、掏耳朵、抠鼻孔、擦眼屎、搓泥垢、修指甲、揉衣角、用手指在桌上乱画、玩手中的笔或其他工具；切忌做手势，或指指点点。

6.行礼

（1）15°——"请稍等一会儿。"服务人员在接受顾客委托或恳请顾客稍等时，只需轻微地身体前倾15°即可。如果服务人员和顾客眼睛碰上时,行礼的角度也是15°。

（2）30°——"欢迎光临。"欢迎的行礼角度,以30°最为恰当,因为在打招呼的同时,还要注意顾客的视线以及顾客的表情。

（3）45°——"谢谢光临。"在目送准备离去的顾客时,由于服务已经告一段落,应该表示谢意,因此,行礼的角度不宜过小,须在45°。（图1-6）

图1-6　行礼

7.视线

（1）与顾客交谈时,两眼视线落在对方的鼻间,偶尔也可以注视对方的双眼。

（2）恳请对方时,注视对方的双眼。

（3）为表示对顾客的尊重和重视,切忌斜视或忽视顾客,使顾客产生非礼和心不在焉的感觉。

（4）道别或握手时,要注视对方的眼睛。

8.声音

（1）发音没有地方音,且吐词清楚。

（2）发言语法正确。

（3）不说令人讨厌的字眼。

（4）语速适中。

（5）音调恰当。

（三）服务人员的着装要求

1.不同场合的着装（表1-5）

表1-5　不同场合的着装标准

场　合	说　明	基本要求	适宜服装
公众场合	执行公务时涉及的场合	庄重保守	男士:制服、西装套装、长裤、长袖衬衫

续表

场 合	说 明	基本要求	适宜服装
社交场合	工作之余在公众场合和同事、商务伙伴友好进行交往应酬的场合,如宴会、舞会、音乐会、聚会、拜会等	时尚个性	礼服、时装、民族服装(中山装、旗袍等)
休闲场合	工作之余一个人单独在公众场合或其他不认识者共处,如健身运动、观光旅游、逛街购物等	舒适自然	牛仔服、沙滩装、运动装等

2.男性着装规范

男性服务人员,胡须应每天刮干净,头发梳理整齐,服装必须整齐清洁,不得穿着便服或休闲服,不得穿脏或有皱褶的衣服,应穿着公司规定的制服,新进人员未分发制服前,应穿着白衬衫配领带。男士着装标准如表1-6和图1-7所示。

表1-6 男士着装标准

着 装	要 求
衬衣	白色或单色衬衫,无污渍,袖口不得长于手。领口不得有显露的痕迹。所有扣子均系上,质地、款式、颜色与其他服饰相匹配,并符合自己的年龄、身份和公司的个性
领带	领带紧贴领口,端正整洁,不歪不皱,不过分华丽耀眼,质地、款式、颜色与其他服饰相匹配,并符合自己的年龄、身份和公司的个性
西装	整洁笔挺,背部无头发和头屑。不打皱,不过分华丽。与衬衣、领带和西裤匹配。与人谈话或打招呼时,将第一颗纽扣扣上。上口袋不要插笔,所有口袋不要因放置钱包、名片、香烟、打火等物品而鼓起来
铭牌	擦亮,表面没有胶条及皮筋。佩戴在上衣口袋连缝处,不能随意佩戴各种纪念牌
皮带	松紧适度,高于肚脐,不选用怪异的皮带头,颜色与鞋子、公文包搭配
裤子	无褶皱,适体,不系裤带时不掉落。站立时裤脚不应拖地,应能盖住袜子,着装饰简单的黑色皮带

续表

着　装	要　求
鞋袜	鞋袜搭配得当。鞋面干净亮泽,鞋底不宜钉铁掌。袜子无褶皱、污迹、破痕、异味。不露出腿毛,不穿尼龙丝袜,袜子颜色和皮鞋相近

短发,保持头发清洁、整齐

精神饱满、面带微笑

白色或单色浅色无污迹

正确配戴司徽

西装平整、清洁

西装口袋不放物品

西裤平整,有裤线

皮鞋光亮,无灰尘

经常整刮胡须

领带紧贴领口,系得美观大方

领口、袖口无污迹

短指甲保持清洁

黑色或深色袜子

图 1-7　男士着装基本礼仪

3.女性着装规范

女性着装应符合身份,扬长避短,区分场合,遵守惯例。制服要完整、清洁及合身,不得穿脏或有褶皱的衣服。女性着装要求见表 1-7,着装基本礼仪如图 1-8 所示。

表 1-7　女士着装要求

着　装	要　求
衬衫	领口无显露破痕,领口无污渍,领带、领结及所有扣子应系好
上衣	无明显褶皱,着装平整,按要求标准着装,无污渍
铭牌	擦亮,表面无胶条及皮筋。一律佩戴在上衣左口袋连缝处。不能随意佩戴各种纪念牌
裙子	长度适宜,无褶皱、污迹、破痕
裤子	裤无褶皱,适体,不系裤带时不掉落;站立时裤脚不应拖地,盖住袜子,着装饰简单的黑色皮带

续表

着　装	要　　求
筒袜	没有显露的破痕及缝迹,一般穿肉色短袜或筒袜
鞋	擦亮,没有显露的开线及破痕

发型文雅、庄重,梳理齐整,长发可用发卡等梳好

化淡妆、面带微笑

正规服装,要大方、得体

指甲不宜过长,并保持清洁,涂指甲油时须自然色

裙子长度适宜

肤色丝袜,无洞

鞋子光亮、清洁

图 1-8　女士着装基本礼仪

女士着装应注意:不能在工作场合穿黑色皮裙;不光腿;袜子上不能有洞;套裙不能配便鞋;穿正式凉鞋——前不露脚趾,后不露脚跟;不能出现三截腿——裙子一截、腿一截、袜子一截;不能拿健美裤充当袜子;不能将长筒袜卷曲一截。不过分杂乱,不过分鲜艳,不过分裸露,不过分透视,不过分短小,不过分紧身。

(四)日常行为礼仪

(1)遵守考勤制度,提倡提前 15 分钟上班,做好当天计划。

(2)准时上下班,不迟到,不早退。病假、事假需按规定及时申请或报告部门经理,填报请假条。

(3)上班时间保持良好精神状态,精力充沛、精神饱满、乐观进取。

(4)对待上司要尊重,对待同事要热情,处理工作保持头脑冷静,提倡微笑待人、微笑服务。

(5)坦诚待人,平等尊重,团结协作,不将个人喜好带进工作中,不拉帮结派搞不团结。

（6）热情接待每一位来宾，不以貌取人。与客人约见应准时，如另有客人来访需等待时，应主动端茶道歉。

（7）保持良好坐姿、行姿，切勿高声呼叫他人。

（8）出入上司办公室或会议室，须主动轻轻敲门示意，经允许方可进入。进入房间后应随手关门。

（五）工作礼仪

（1）同领导、同事、客户会面要打招呼，彬彬有礼，简短问候。

（2）会见常客要主动称呼对方，表示对客户的尊敬与熟悉。

（3）对客户的提问要认真思考，准确答复。

（4）对本人难于解答的问题要提示客人通过其他相关部门或采用其他方法去解决。

（5）对抱怨的客户切忌争论，应给予适度道歉，并采用公司的既定方式进行处理。

（6）在开会时手机应关机或调至震动，不得中途退出，切忌交头接耳。

（7）与客户道别时要注意礼貌用语。

（8）下班前要整理好自己工作当天的文件资料等，与同事打招呼后离开。

对服务人员迎送/接待的要求如表1-8所示。

表1-8　服务人员迎送/接待要求

接待顺序	使用语言	处理方式
客人来访时	"您好！" "早上好！" "欢迎光临"等	马上起立 目视对方，面带微笑，握手或行鞠躬礼
询问客人姓名	"请问您是……" "请问您贵姓？" "找哪一位？"等	必须确认来访者的姓名 如接收客人的名片，应重复"您是×××公司×××先生"
事由处理	客人要找的人在场时，对客人说"请稍候"。 客人要找的人不在时，对客人说"对不起，他刚刚外出公务，请问您是否可以找其他人或需要留言？"等	尽快联系客人要寻找的人 如客人要找的人不在时，询问客人是否需要留言或转达，并做好记录

续表

接待顺序	使用语言	处理方式
引路	"请您到会议室稍候，×××先生马上就来。" "这边请"等	在走廊引路时 应走在客人左前方的两三步处；引路人走在走廊的左侧，让客人走在路中央；要与客人的步伐保持一致；引路时要注意客人，适当地作些介绍。 在楼梯间引路时 让客人走在正方向（右侧），引路人走在左侧；途中要注意引导，提醒客人拐弯或有楼梯台阶的地方等
乘电梯	"请" "这边请"等	电梯没有其他人的情况 在客人之前进入电梯，按住"开"的按钮，此时再请客人进入电梯；如到大厅时，按住"开"的按钮，请客人先下。 电梯内有人时 无论上下都应让客人、上司优先
到达目的地	"请进" "这边请"等	向外开门时 先敲门，打开门后把住门把手，站在门旁，对客人说"请进"并施礼；进入房间后，用右手将门轻轻关上；请客人入座，安静退出；此时可用"请稍候"等语言。 向内开门时 敲门后，自己先进入房间；侧身，把住门把手，对客人说"请进"并施礼；轻轻关上门，请客人入座后，安静退出
送茶水	"请" "请慢用"等	保持茶具清洁 摆放时要轻 行礼后退出
送客	"欢迎下次再来" "再见"或"再会" "非常感谢"等	表达出对客人的尊敬和感激之情 道别时，挥手或行鞠躬礼

四、判断顾客的性格类别

服务的核心在于人心,虽然每一位车主都希望得到服务,但期望的服务方式却并不相同。来修车的车主多数不会有好心情,大多数都会有诸如抱怨、后悔、气愤等负面情绪。这时如果服务人员不能很好地理解客户的心情,那么就可能会因为细微的工作失误而导致与车主产生冲突。很多情况下,企业往往要求服务人员忍耐,但更积极的做法是了解车主的交际风格,针对不同个性的车主采取针对性的服务方式,减少与客户可能发生的冲突,取得客户的认同和好感,从而达到优质服务的目的。

人的交际风格是一个十分复杂的心理现象,是由学习、认识、情绪、角色以及动机等多项因素综合形成的。它既包括表现于外的、给人印象的特点,又包括不露于外的、可以间接得到验证的特点。这些不同于他人的个性特点,给人的行为以一定倾向性。它表达了由表及里的包括身心在内的真实个人。

(一)交际风格的类型

人的购买行为往往源于其内在的心理需求。心理学家总结出人的6个基本个性需求:权力、成就、认同、秩序、合作和安全。不同交际风格的人所侧重的个性需求不同。基本的个性需求导致人们在行为和态度上出现了不同的特点。

1.区别交际风格的标准

不同的消费者由于个性需求不同,从而表现出的对他人控制力和对自己控制力上的强弱水平也不同。通常我们把控制他人的力量称为支配力,这是指一个人希望运用权威的力量来控制或支配别人,但并不是说此人目前的职务具有这样的权力,而是一种由其精神或人性的本质衍生形成的,并且自然地向他人展现的人格力量。我们把自我控制的力量称为自制力,这体现了人对自己的要求,或是自我约束的力量或程度。正是在不同强弱的自制力和控制力的追求下,形成了不同个性的消费者在购买行为中的不同行为和语言特点。如图1-9具体描绘了控制力、自制力不同强弱水平下的语言和行为特征。

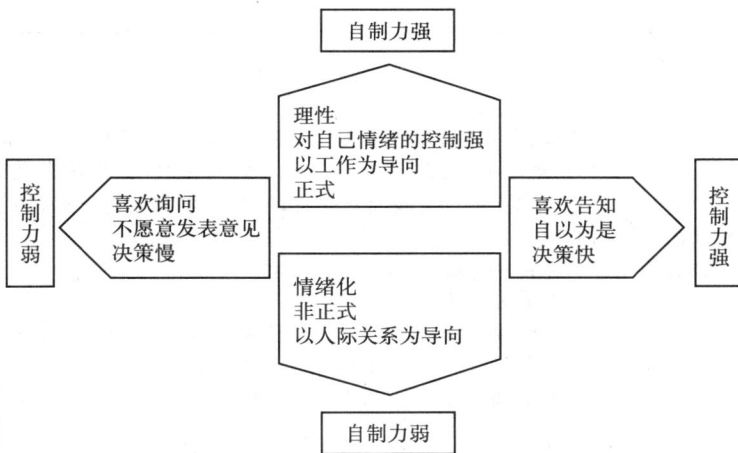

图 1-9 控制力、自制力强弱水平的语言和行为特征示意图

2.交际风格的类型

交际风格的不同表现在自控力和支配力的强弱不同,自控力反映人自我约束的能力,指人对情绪控制的强弱。自控力弱的人,情绪化,喜欢以沟通为导向,以非正式的方式解决问题;自控力强的人理性,喜欢以实现交易为目的的正式会谈。支配力反映对他人的影响能力。支配力强的喜欢告知,自以为是,决策快;支配力弱的倾向于询问,不轻易发表意见,决策慢。因此心理专家将消费者依据自控力和支配力的强弱变化划分为 4 种不同的交际风格类型,如表 1-9 和图 1-10 所示。

表 1-9 不同交际风格类型特点

交际风格类型	交际风格分析
威权型 (红色,Ⅰ象限)	特征:自我约束力强,高度自信,果断负责;目的性强,注重效率与结果;不太重视人际关系。对工作高度专注,喜欢告知别人如何去做,很少关注别人的感受;有冒险精神和强烈的领导欲望,权力崇拜者 弱点:没有耐心,很难沟通;缺乏人情味;顽固易独断 基本需求:权力、成就 沟通要领:坦白。正式、准时,准备工作充足。直接讨论目的,提供资料,让对方作决定,避免直接对立,注意会谈的时限和方式 表象:快速有力,重点强调,工作负责

续表

交际风格类型	交际风格分析
分析型（蓝色，Ⅱ象限）	特征：爱提问，注重事实和资料；讲求秩序，有敏锐的观察力；遇事慎重，关注工作细节；忽略说服技巧，完美主义者。一般不愿与别人分享信息，接受新事物能力较差，销售时间较长 弱点：封闭，寡言少语，不易接近 基本需求：秩序、安全 沟通要领：可靠。列出详细的资料与分析；公事公办，不要谈太多闲话；有计划步骤、语言准确、注意细节 表象：语速慢，动作少，工作是谈话重点
合作型（绿色，Ⅲ象限）	特征：随意，合群，有耐心，待人客气，喜欢聊天，容易沟通；关注融洽的合作关系 弱点：无时间观念，原则性差；反复不定，优柔寡断，不愿承担风险 基本需求：合作、安全 沟通要领：容纳。经常性沟通，注重私人关系的培养；以安全为主要目标，提供特定的方案和最低的风险；理解其对时间的拖延，不诋毁竞争对手；以轻松的方式谈生意，提供帮助，带领其达到目标 表象：表情温和，寻求接纳，放松，身体活动慢和圆滑，谈话重点是人的沟通
表现型（黄色，Ⅳ象限）	特征：交际风格外向乐观，注重人际关系，情绪化；精力充沛，具有冒险精神；幽默合群，容易沟通，擅言辞；关注过程表现，冒险主义者 弱点：逻辑性差，没有时间观念；随意性大，易冲动，情绪化，因此经常后悔；反复无常 基本需求：认同、成就 沟通要领：沟通。投其所好，争取好感，先附和，再切入；注意互动，交换意见；经常联络并邀请其参加活动；多谈目标，少谈细节；培养私人感情 表象：表情丰富，衣着随意，身体活动多变，谈话重点是人的沟通和感觉

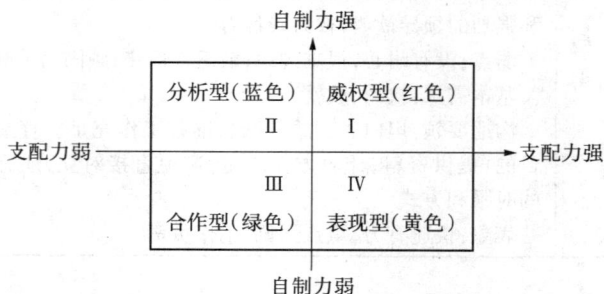

图 1-10　不同交际风格类型象限示意图

从中可以看出：

（1）客户的风格有时不是单纯的一种，而是表现为以一种风格为主色调，并辅以另一种风格为副色调，但红色与绿色、蓝色与黄色一般不并存。

（2）由于工作环境和职务的不同，会表现出一些与其本身不一致的语言和行为，因此要注意全面观察，从自制力和支配力的强弱来判断。

（二）不同交际风格类型的辨别

针对不同交际风格的车主要采取不同的服务策略，这能大幅提高车主对服务的满意程度，交际风格的表现特征见表1-10，通过观察到的行为和语言特点，服务人员可以更快、更简便地判断客户人际风格类型。

表 1-10　每种交际风格的表现特征

行为和语言特点	威权者	外向者	合作者	思考者
脸部表情	少变化	很多表情	温和有笑容	少变化
眼神接触	直接、凝聚	多方注视	注视寻求接纳	不慈祥，但想答案
说话速度	快速有力	快速	慢，有时停下	从容不迫
声音	控制声音	大声	柔软温和	适中
声调	单调，重点强调	忽高忽低	流畅	单调
姿势	正式，强硬	充满活力	放松	僵硬
身体活动	有些快速，有力	多种变化	慢和圆滑	少姿势
说话重点	工作	人，感觉	人	工作

这种方法简单、实用，但存在一定的危险性——生搬硬套而失去正确性。所以，专业销售人员虽然可以通过指示表进行初步的交际风格判断，但最终还是需要通过支配力和自制力，对客户的交际风格进行深入、全面的判断。如果消费者的行为和语言表现得富有竞争性、冒险、快速等，说明该客户的支配力强，反之则支配力弱，如图1-11所示。

定义:某人影响或控制他人的思想和行动的程序

询问 支配力弱	D	C	B	A	告知 支配力强

给人的感受是:
合作的
慎重的
不敢冒险
静

所预期的行为:
太慢,不能决定
被动

给人的感受是:
竞争性,冒险
快速行动
好说话的
野心,喜欢挑战

所预期的行为:
动作快,冒险
具竞争性

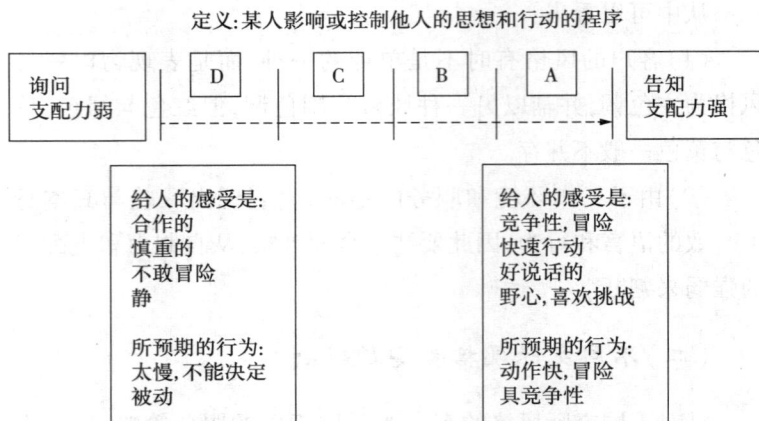

图 1-11 消费者支配力强弱变化趋势示意图

支配力:控制他人的能力。

定义:某人影响或控制他人的思想和行为的程度。

只判断消费者支配力的强弱并不能判断出消费者的交际风格类型,我们还需要判断消费者自制力的强弱。自制力弱的消费者,行为和语言往往热情、随意、容易沟通等,而自制力强的消费者,行为和语言往往冷漠、正式、讲究精确、与他人有距离等。消费者自制力强弱变化趋势如图 1-12 所示。

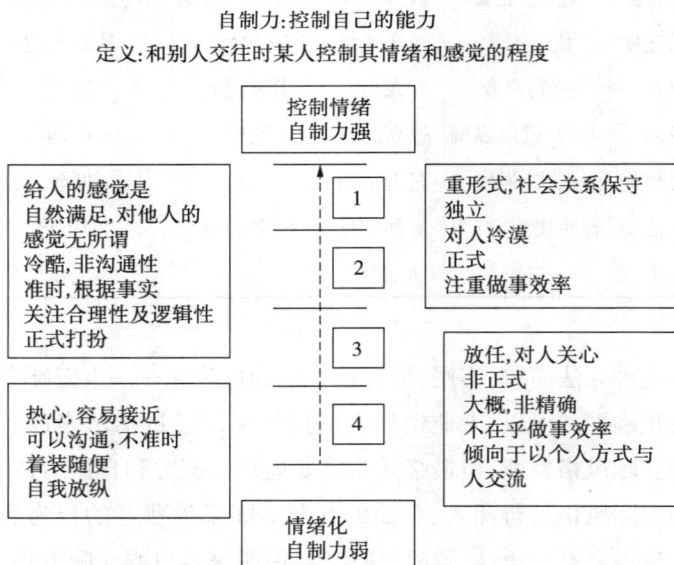

自制力:控制自己的能力
定义:和别人交往时某人控制其情绪和感觉的程度

控制情绪
自制力强

给人的感觉是
自然满足,对他人的
感觉无所谓
冷酷,非沟通性
准时,根据事实
关注合理性及逻辑性
正式打扮

1

2

3

4

重形式,社会关系保守
独立
对人冷漠
正式
注重做事效率

放任,对人关心
非正式
大概,非精确
不在乎做事效率
倾向于以个人方式与
人交流

热心,容易接近
可以沟通,不准时
着装随便
自我放纵

情绪化
自制力弱

图 1-12 消费者自制力强弱变化趋势图

确定了消费者自制力与控制力的强弱,就可以判断出消费者是属于哪一类型的交际风格。为了帮助大家记忆,将 4 种基本的人际风格对应了4种不同的颜色：

　　自制力：控制自己的能力。

　　定义：和别人交往时某人控制其情绪和感觉的程度。

　　思考者（分析型）——蓝色；驾驭者（威权型）——红色；

　　关系者（合作型）——绿色；外向者（表现型）——黄色。

　　在实际生活中，消费者的交际风格往往不是单纯的一种，而是表现为以一种人际风格为主色调，并辅以另一种人际风格为副色调。但红色与绿色、蓝色与黄色一般不会共同存在；有时，由于具体工作环境和岗位职责的要求，人们会表现出一些与其本质风格不相一致的行为表现。因此，对客户交际风格的判断基础观察和全面分析非常重要，一定要从自制力和支配力着手，而千万不可通过一个很少量的语言特点就轻易作出判断。

五、实训工单

<table>
<tr><td colspan="4" align="center">项目一　实训工单 2　维修接待礼仪</td></tr>
<tr><td align="center">学院</td><td></td><td align="center">专业</td><td></td></tr>
<tr><td align="center">姓名</td><td></td><td align="center">学号</td><td></td></tr>
<tr><td colspan="4" align="center">一、接收工作任务</td></tr>
<tr><td colspan="4">　　汽车服务顾问王丽丽通过面试,今天正式开始实习。早晨来到 4S 店,检查仪容仪表,和领导、同事问好,准备好工作所需的所有资料,迎接第一天的工作。客户来到 4S 店,按照礼仪规范接待客户,自我介绍,发放名片,解决客户问题。</td></tr>
<tr><td colspan="4" align="center">二、信息收集</td></tr>
<tr><td colspan="4">

1.判断下面的说法,请在成立的答案后面的"□"打上"√",不成立的答案后面的"□"打上"×"。

(1)服务是一种可以用来交易、客户能够感受,但却无法交到客户手中的一种产品。□

(2)服务是通过行动或表演使客户获得某种感受的产品。□

(3)客户更在意服务提供的质量及其服务的态度,服务质量的好坏程度决定着客户最终的价值考量。□

(4)汽车销售和汽车服务的销售本质和内容是没有区别的。□

(5)对于男性和女性的坐姿的要求是一样的。□

(6)确定了消费者自制力与控制力的强弱,就可以判断出消费者是属于哪一类型的交际风格。□

(7)对客户交际风格的判断可通过顾客少量的语言特点而作出。□

2.分别填写下图中服务顾问各个部位仪容仪表的注意要点。

</td></tr>
</table>

3.查阅资料,参考下图,描述男士和女士的站姿要求。

4.查阅资料,参考下图,描述男士和女士的坐姿要求。

5.查阅资料,参考下图,描述女士蹲下或者捡东西时的蹲姿注意事项。

续表

项目	具体的规范要求
递送名片	
接受名片	

6.查阅资料,完成表 1-11。

表 1-11　递送名片规范表

7.举例说明下列不同工作场景的礼貌用语。

(1)服务顾问见到客户来访时:

(2)需要打断客户谈话时:

(3)送别客户离开时:

三、制订计划

根据所学知识,制订服务顾问在进行客户接待工作时执行礼仪规范的工作计划。

序号	接待流程	操作要点
1	客户来访	
2	主动接触	
3	事由询问与处理	
4	引路	
5	乘坐电梯	
6	到达目的地	
7	送茶水	
8	客户送别	

四、计划实施

针对以下情境,按照礼仪规范进行训练。

(1)服务顾问在接待客户前,检查自身的仪容仪表,争取给客户留下良好的第一印象;

(2)客户到店后,主动迎接客户,并进行自我介绍、询问客户来意;

(3)在维修保养等待过程中,服务顾问引导客户到休息区,递送茶水等;

(4)服务结束,引导客户出店,目送客户离开;

续表

五、质量检查

实训指导教师检查作业结果,并针对实训过程出现的问题提出改进措施及建议。

序号	评价标准	评价结果
1	仪容仪表合乎规范,佩戴工作牌,以标准站姿在接待前台等候客户到来	
2	表情到位;客户到店时,能用标准的礼仪用语问候、鞠躬、自我介绍、递名片、询问客户尊称、询问客户来意	
3	能正确引导客户,走姿标准	
4	掌握握手礼仪,正确运用礼貌用语	
5	具有较好的服务意识,效率意识和规范意识,礼仪规范	

六、评价反馈

根据自己在本次任务中的实际表现进行评价。

序号	评价标准	评价分值	得分
1	理解接待礼仪在工作中的重要作用	10	
2	能做到仪容仪表规范	20	
3	能做到日常行为动作规范	20	
4	能用职场礼仪开展工作	20	
5	能用运用接待礼仪接待到店客户	20	
6	服务意识、效率意识和规范意识,礼仪规范,个人素养	10	
7	合计(总分100分)		

学生学习目标检查表

你是否在教师的帮助下成功地完成单元学习目标所设计的学习活动？	
	肯定回答
专业能力	
认识汽车维修接待及其工作内容。	
知道汽车维修接待须具备的知识、素质和能力。	
认识汽车维修接待的工作流程。	
树立为顾客服务的意识。	
关键能力	
你是否根据已有的学习步骤、标准完成资料的收集、分析、组织？	
你是否能标准、有效和正确地进行交流？	
你是否按计划有组织地活动？是否沿着学习目标努力？	
你是否尽量利用学习资源完成学习目标？	
素质能力	
树立服务意识、效率意识和规范意识。	
具有文明礼仪素养、掌握社交礼仪规范。	

完成情况

　　所有上述表格必须是肯定回答。如果不是,应咨询教师是否需要增加学习活动,以达到要求的技能。

教师签字:＿＿＿＿＿＿＿＿＿＿

学生签字:＿＿＿＿＿＿＿＿＿＿

完成时间和日期:＿＿＿＿＿＿＿＿＿

项目二

实施汽车维修接待流程

📋 项目学习目标

通过本项目的学习,认识汽车维修接待的相关知识,获得按照业务标准流程进行汽车维修接待的能力。其具体表现为:

1. 专业技能

(1)知道丰田汽车公司"六步法"接待流程的具体内容。

(2)知道SA在每个步骤的必备技能和知识。

(3)正确实施"六步法工作流程"。

2. 素质养成

(1)爱岗敬业的职业道德和严谨务实的工作作风。

(2)人际交流,客户关系维护能力。

(3)团队目标实现的大局意识和团队能力。

(4)培养诚信、友善的价值观。

📖 项目学习资源

有关汽车维修接待的资料,可查询文字或电子文档如下:

(1)各品牌汽车厂商的网页。

(2)各种介绍汽车维修接待流程管理的书籍。

(3)有关职场健康与安全法律与法规。

可提供学习的环境和使用的设备

（1）维修接待或模拟维修接待前台工作环境。

（2）座椅套、脚垫、方向盘套。

（3）安全的工作环境和工作场所。

（4）整车车辆。

（5）接待维修车辆和交车的必要技术文件。

（6）各种维修接待使用的单据。

项目学习任务

任务2.1　实施保养提醒与预约工作流程

任务2.2　实施预约准备工作流程

任务2.3　实施汽车维修车辆接待流程

任务2.4　实施生产作业工作流程

任务2.5　实施交车工作流程

任务2.6　实施维修后跟踪服务流程

学生学习目标检查表

任务 2.1　实施保养提醒与预约工作流程

学习目的

（1）知道保养提醒与预约工作的目的。

（2）学会保养提醒与预约工作的操作过程。

（3）学会保养提醒与预约工作的处理技巧。

（4）知道并学会 SA 在保养提醒与预约中的必备技能和知识。

（5）爱岗敬业的职业道德和严谨务实的工作作风。

学习信息

一、保养提醒与预约工作的目的

目前,大多数汽车维修企业的维修服务模式为随到随修。这种服务模式在维修业务量较少的情况下是可行的,基本可以满足顾客需求。但是随着市场上汽车保有量不断增多,维修企业维修业务量快速增长,随到随修维修服务模式难以适应市场环境的变化。一方面,随着维修业务量的增加,高峰期到店维修的车辆超过了维修企业的服务能力,许多车主往往花费大量时间在等候维修上,难免产生抱怨和不满情绪,容易造成客户流失。另一方面,提供随到随修服务对维修企业的日常管理也有较大的影响,不利于降低维修成本。由于不知道顾客什么时候到店维修,维修企业随时需要作好维修准备,在高峰、平峰、低峰时间采用相同的管理模式,会造成大量工时和资源浪费。

预约维修服务在我国汽车维修行业里应用较少,一般是客户自愿选择是否使用预约维修服务。目前,4S 店的预约维修率仅为 15%~20%,与国外成熟的汽车市场高达 70% 的预约维修率相比,差距非常悬殊。

汽车保有客户对于服务于自己的汽车维修公司一般都有一些期望,比如"当我的汽车需要保养时,要提醒我,这样我的车就可以准时接受服务了","在方便的时间,可以为我预约对车进行保养","根据需要进行的工作,给我提供建议以及准确的报价",等等。针对顾客的期望和汽车维修公司的实际情况,开展保养提醒和预约工作有以下目的:

(1)缩短客户非维修等待时间;

(2)节省客户的宝贵时间;

(3)有更多的时间咨询、沟通,保证接待质量;

(4)避免客户集中进店维修,合理地分流用户;

(5)减轻车间的工作压力,保证维修质量。

二、实施保养提醒与预约工作的操作过程

1.通过邮件进行保养提醒(DM 单)

(1)邮件保养提醒前的准备。可以从客户维护管理系统中获得目标客户列表来确认顾客信息和车辆信息。

(2)保养提醒邮件的创建。检查客户车辆的入厂履历,填写邮件、跟踪服务卡。

(3)邮件邮寄。检查邮件中填写的信息,发送邮件。

(4)邮件回复的跟踪。检查有无退回邮件,记录邮件被退回的原因。

2.通过电话进行保养提醒与预约

(1)拨打保养提醒电话前准备。检查顾客管理卡或预约提醒系统信息,检查预约日程板,确认可用技师。

(2)拨打保养提醒电话。确认并记录顾客信息,确认并记录车辆信息,解释工作明细,然后确认并记录顾客是否需要预约,获得并记录顾客其他需求。这部分内容可以填写客户预约修车通知单,如图 2-1。

(3)确定车辆入厂及取车的时间。获得并记录顾客方便的入厂和取车的时间,检查预约日程板,查看是否有可用技师,建议入厂和取车的时间,并调整预约日程板,决定并记录最终的入厂和取车的时间,询问谁将车辆送至维修企业,并记录他们的名字。

×××(公司)客户预约修车通知单

No.

客户单位		车牌号		首次来厂 ☐ 老客户 ☐	
车　型		底盘号		车身颜色	
联系人		联系电话			
预计入厂	月　　日　　时　　分	要求完工时间		月　　日　　时　　分	
维修项目					
配件部 应准备			车　间 应准备		
业务接待特别说明:					
业务接待签字		填单下发时间		月　　日　　时　　分	
配件部签收	_____日_____时	车间签收		_____日_____时	

（表格右侧竖排：第一联 业务）

图 2-1　客户预约修车通知单

（4）复述预约内容，询问有无其他需求。提醒顾客需要携带的相关材料，确认并记录顾客联系信息，复述预约内容，记录保养提醒与预约结果并签名确认。

3.预约信息管理

（1）预约工单处理。将此帖放置在预约日程板上，记录预约信息，打印预约工单，打印估算单，确认并记录所需零件的库存情况或零件预计到达时间。

（2）储存维修工单。将维修工单存放在预约维修工单柜里面。

4.顾客拒绝 SA 的预约建议

如果顾客拒绝 SA 的预约建议，首先要询问车辆目前的里程表读数，然后建议所需的保养项目，尽量找出顾客拒绝保养预约的原因，将顾客的回答记录在顾客管理卡或预约提醒系统上，做好下次保养提醒计划。

三、保养提醒与预约处理技巧

1.顾客主动预约

首先确保系统数据的准确性，及时更新系统的数据，比如过期的电话号码,如果是新顾客,则要询问顾客的联系方式和车辆信息,并准确无误地登记到系统中,对于首次入厂车辆,要将顾客信息和车辆信息登记到预约提醒系统以便跟踪。如果汽车维修企业接到主动预约电话时,SA 应当按照以下步骤进行处理。

(1)问候顾客,介绍 SA 的工作部门及姓名,然后询问顾客姓名和车辆信息。

(2)查看顾客入厂履历,检查上次入厂经历和里程表读数,然后给顾客提出建议。

(3)如果有零件需要订购,则与顾客解释预约日期将在零件到达后再次做最终确认。

2.处理额外维修要求

如果在保养提醒电话中,顾客提出额外的修理要求,SA 应当判断此维修是否需要进行诊断预约,是否属于保修范围。针对这类顾客的价格估算过程如表 2-1 所示。

表 2-1　保养外额外维修要求预约估价处理技巧

维修类别	处理技巧	估算价格
一般维修	SA 必须取得诊断技师的技术支援	不能
保修	SA 在查看车辆前不能加以判断是否属于保修,在有需要的情况下获取技术支援(诊断技师或保修专员)	不需要

3.宣传预约好处

SA 应当利用与顾客接触的机会,解释做好预约所带来的好处,以强化顾客预约维修的信息,养成预约维修的习惯。预约对顾客的直接好处表现在减少顾客到店维修时排队和等待的时间,确保能够准时交车。向顾客宣传预约可通过口头的或是书面的方式多次进行。口头的宣传要充分利用 SA 与顾客电话交流或面对面谈话的机会。书面的方式体现在以下区域内明确标示预约联系方式:

(1)接待区域;

(2)维修企业的网页上;

(3)SA 的名片上;

(4)在保养提醒明信片或电子邮件上;

(5)在所有可能的文件上(如维修工单、结算单)。

四、SA 在保养提醒与预约中的必备技能

1.沟通技巧

（1）倾听，主动积极地听取顾客的实际需求和顾虑，能体会顾客的感受。

（2）复述，准确复述顾客提出的要求。

（3）提问，能够通过提问来获得更准确的信息。

（4）填写，在维修工单上填写顾客的原话。

（5）解释，可以给予顾客易于理解的解释并提出服务建议。

（6）说明，能够清楚地通过电话进行表达，并使用良好的电话礼仪。

2.顾客信息管理

（1）数据库查找和数据筛选，可使用数据库进行查找、分类及选择目标顾客。

（2）数据库更新，可定期对数据库进行检查、更新及修改。

（3）数据库处理和使用，利用数据库信息来计划和完善服务及零件订购活动。

（4）打印/报表生成，可生成相关报表，并打印数据库相关的信息。

3.估价

（1）服务项目估算，对保养和小修理项目，能够对所需零件和工时进行判定，并告知顾客。

（2）报价，可以对零件费和工时费进行计算，并给出总价。

4.保养计划制订

（1）使用维修履历，能够查阅各车辆的维修履历。

（2）提出保养建议，按车辆的使用情况、里程等对顾客作出保养或维修建议。

（3）下次保养建议，能够根据车辆使用情况来推荐下次保养时间。

5.预约安排

（1）工作安排，使用预约表格进行工作安排，使车间生产效率最大化。

（2）提供选择机会，如要求时间预约已满，应能够提供顾客

其他选择的机会。

（3）平准化,根据可用预约时间来平准化工作负荷,减少超负荷现象。

（4）车间派工计划,根据技师的工作量、技能水平等来计划和决定交车时间。

（5）预约表格填写,能根据顾客的需求和预约时间,对预约表格进行准确填写。

6.可视化管理工具的使用

（1）工单移动,在正确的时间对工单、零件订购单进行移动。

（2）异常情况识别,能够发现滞后和延迟的工作。

（3）停滞工作管理,能够对停滞的工作作出快速的反应。

7.维修工单的填写

（1）准确填写工单,能够根据顾客的要求准确地填写维修工单。

（2）可用零件核查,能快速查找是否有可用零件。

8.车间工作计划

（1）技师技能控制,能根据技师的技能水平来安排工作任务。

（2）工作派遣,能够根据不同工作类型所需技能和时间以及承诺的交车时间将工作分派给合适的技师。

（3）平准化,能够制订日常工作计划以减少超负荷现象。

（4）计划调整,当各种条件发生改变时,能够对工作计划重新调整。

五、SA 在保养提醒与预约中的必备知识

（1）保养服务价目表。

（2）预约系统。

（3）标准工时费率。

（4）工作进程控制看板。

（5）保养周期。

（6）保修政策。

（7）维修工单填写标准。

六、实训工单

项目二 实训工单 1 保养提醒与预约工作			
学院		专业	
姓名		学号	

一、接收工作任务

汽车服务顾问王丽丽实习一段时间后,今天正式转正开展工作。通过系统查询到,李先生的车保养时间马上到了,为了节省李先生保养排队的时间,也便于维修中心提前准备好工具、配件和工位,使他一来就能马上为他服务,小王准备致电客户,进行保养提醒和预约服务工作。

二、信息收集

1.判断下面的说法,请在成立的答案后面的"□"打上"√",不成立的答案后面的"□"打上"×"。

(1)保养提醒对顾客有利,对维修企业没有好处。□

(2)保养提醒由专人负责,跟 SA 没有关系。□

(3)现在很少有人邮寄信件了,所以客户的地址在保养提醒环节没有用处。□

(4)在保养提醒阶段,如果顾客同意进行预约保养,那么估价就是必须进行的步骤。□

(5)保养提醒时,对顾客进行提问比倾听顾客的意见更加重要。□

2.上网查阅资料,了解尽可能多的品牌车维护种类和内容。

(1)常见的汽车品牌有哪些?

(2)每种品牌具体有哪些车型?他们的维护类型分别包括哪些?

表 2-2　5 个品牌车型维护类型

序号	品牌	车型	维护类型
1			
2			
3			
4			
5			

（3）车辆维护类型通常有哪些？国家对车辆的维护类型有何要求？

（4）请完成表2-3中5个品牌车型的维护间隔。

表2-3　5个品牌车型维护间隔信息表

序号	品牌	首次维护里程	首次维护时间	维护间隔里程	维护间隔时间
1					
2					
3					
4					
5					

（5）查阅资料，分析某品牌车前三次维护分别包含哪些项目？

1）首次维护内容（　　　　km）：

①检查项目：

②更换项目：

2）定期维护内容（　　　　km）：

①检查项目：

②调整项目：

③更换项目：

续表

3)定期维护内容(　　　km): ①检查项目: ②调整项目: ③更换项目: 3.改变等客户上门的习惯,主动联系将要到期保养的客户,邀约他们到店,在体现经销商无微不至关怀的同时,提高(　　　)。 　　A.预约率　　　　　　　　　　　　B.接待速度 　　C.服务顾问快速响应率　　　　　　D.预约成功率 4.电话结束前,我应注意何种细节?(　　) 　　A.重述细节与目的　　　　　　　　B.提供解决方法 　　C.重复我的名字　　　　　　　　　D.以上皆是

三、制订计划

李先生的车辆距离上次维护已经 3 个月了,需要预约到店进行车辆定期维护。请根据日常保养提醒和预约工作要点,制定电话邀约话术。

四、计划实施

场景一:奥达丰田汽车公司的顾客李先生上次来店保养是 2021 年 10 月 20 日。根据丰田汽车公司的保养周期,丰田汽车每 5 000 公里或三个月(先到为准)保养一次,现在刚好是三个月过去了,请你扮演成 SA 给李先生致电,邀约李先生预约来店保养。

场景二:基本信息同场景一相同,在致电过程中,李先生反映说他想在预约保养日更换两条汽车轮胎,请你模拟 SA 对李先生进行电话保养提醒和预约,并填写客户预约修车通知单。并描述出预约完成后接下来需要做哪些工作?

续表

×××(公司)客户预约修车通知单

No.

客户单位			车牌号		首次来厂 □ 老客户 □	
车　型			底盘号		车身颜色	
联 系 人			联系电话			
预计入厂	月　　日　　时　　分		要求完工时间	月　　日　　时　　分		
维修项目						
配件部 应准备			车　间 应准备			
业务接待特别说明：						
业务接待签字			填单下发时间	月　　日　　时　　分		
配件部签收	_____日_____时		车间签收	_____日_____时		

第一联　业务

五、质量检查

实训指导教师针对实训结果进行评价。

序号	评价标准	评价结果
1	知道提醒 & 预约工作的目的	
2	能够完成预约前的准备工作	
3	掌握拨打和接听电话的技巧和规范话术	
4	知道保养提醒 & 预约工作的操作过程	
5	会用不同的方式进行保养提醒	
6	善于运用保养提醒 & 预约工作的处理技巧	
7	学会在保养提醒 & 预约中的必备技能	
8	能够顺利完成主动/被动预约并填写预约登记表	
9	爱岗敬业的职业道德和严谨务实的工作作风	

续表

	六、评价反馈		

根据自己在本次任务中的实际表现进行评价。

序号	评价标准	评价分值	得分
1	知道保养提醒 & 预约工作的操作过程	20	
2	掌握打接电话的技巧,可以根据客户信息及 4S 店工作情况完成预约工作	20	
3	善于运用保养提醒 & 预约工作的处理技巧	20	
4	掌握在保养提醒 & 预约中的必备技能	20	
5	爱岗敬业的职业道德和严谨务实的工作作风	20	
6	合计(总分 100 分)		

任务 2.2　实施预约准备工作流程

认识汽车售后服务企业的工作流程,以及实施工作流程的能力。

（1）知道预约准备的目标。

（2）知道预约准备的工作要求,实施其流程。

（3）知道 SA 在预约准备步骤中的必备技能。

（4）知道 SA 在预约准备步骤中的必备知识。

（5）掌握人际交流,客户关系维护能力。

一、预约准备的目标

（1）准备所需零件、工具及人员,使保养或维修服务能够准时进行。

（2）通过合理安排人员来提高工作效率,减少技师怠工现象。

（3）进行预约确认,减少失约顾客。

二、预约准备的工作要求及流程

1.开展预约准备工作,对 SA 的工作要求

（1）在顾客预约日期前要对顾客进行跟踪确认,减少失约顾客。

（2）确保跟进顾客的员工可以处理追加的修理要求。

（3）在顾客到店之前确认零部件情况。

（4）通过广告、各种单据以及所有与顾客相接触的机会来促进预约，提高顾客预约意识。

（5）通过顾客的车辆使用习惯估算保养周期。

2.预约准备工作的流程

（1）N-4日的准备。预约日期四天前开始准备，检查维修工单，移动维修工单，将维修工单从预约存档柜中取出，检查其中填写的信息。然后，将其移动至预约准备板"三天前"一栏中。同时，需要确认以下项目：

①顾客信息。

②车辆信息。

③顾客要求。

④入厂和取车的时间/费用。

⑤谁将车辆送至维修企业。

⑥顾客联系方式。

⑦保修或召回的解释性材料。

（2）N-3日预约确认。预约确认前的准备要确认预约的具体内容。

①再次确认预约内容。

②确认有无其他修理要求。如果顾客有额外的工作要求，如果顾客预约当天因事不能到店，如果顾客要求更改入厂日期及时间，如果SA接到预约电话，这类情况都要引起SA的高度重视和及时处理。

③解释费用明细。

④确认并记录付款方式。

⑤在下订单之前，解释特殊零部件的订购事宜。

⑥复述预约明细。

⑦记录预约确认结果并签名。

⑧移动维修工单。

（3）N-2日零件的准备。如果需要零件订购，则应检查零件订购单、订购所需零件。

①在订购零件之前，必须准确预计零件的到货时间。

②打印零件订购清单作为订单完成情况的书面通知。

③准备专用的架子用于所需零件的放置。

④准备好库存零件。

⑤完成库存零件的准备工作之后，做好相应的记录。

（4）N-1日零件的确认。检查到达的和未到达的所有零件。

①录入到达零件的信息。

②对到达的零件进行分类，并将其放置在零件架相应的位置上。

③记录零件准备的完成情况。

④如有未到达的零件，需提前想好应对策略。

（5）N-1日工作计划的安排。在工作计划安排前应准备以下内容：

①确认预约准备工作已经完成。

②检查接待时所需文件。

③检查磁贴信息。

在以上基础上，安排第二天的工作计划，并移动维修工单，还应向顾客继续致电以强化顾客能够如约前来。

🔔 **注意**：

预约准备工作按照车辆维修类型可以分为：保养预约准备，诊断预约准备和一般维修预约准备。特别注意的是，SA不应当参与诊断，而应该由诊断技师支援。一般维修预约准备的工作流程和保养预约准备相同。

3.诊断预约准备的工作要点

（1）通过实施诊断来确定正确的维修程序和所需的零件。

（2）诊断技师与顾客一同来实施问诊，填写诊断报告并提供技术解释。

（3）完成诊断后，要订购所需零件并进行一般维修预约。

（4）当订购零件到达时，要及时与顾客进行一般维修预约的确认。

三、SA 在预约准备步骤中的必备技能

1.沟通技巧

（1）倾听，主动积极地听取顾客的实际需求和顾虑，能体会顾客的感受。

（2）复述，准确复述顾客提出的要求。

（3）提问，能够通过提问来获得更准确的信息。

（4）填写，在维修工单上填写顾客的原话。

（5）解释，可以给予顾客易于理解的解释并提出服务建议。

（6）说明，能够清楚地通过电话进行表达，并使用良好的电话礼仪。

2.预约安排

（1）工作安排，能够使用预约表格/预约准备板进行工作安排，使车间生产效率最大化。

（2）提供选择机会，如顾客要求时间预约已满，应能够提供顾客其他选择的机会。

（3）平准化，根据可用预约时间来平准化工作负荷，减少超负荷现象。

（4）车间派工计划，根据技师的工作量、技能水平等情况来计划和决定交车时间。

（5）预约表格填写，能够根据顾客需求和预约时间，对预约表格进行准确的填写。

3.了解车间工作计划

（1）技师技能控制，能根据技师的技能水平来安排工作任务。

（2）工作派遣，能够根据不同工作类型所需技能和时间以及承诺的交车时间将工作分派给合适的技师。

（3）平准化，能够制订日常工作计划以减少超负荷现象。

（4）计划调整，当各种条件发生改变时，能够对工作计划重新调整。

4.估价

（1）服务项目估算，对保养和小修项目，能够对所需零件

和工时进行判定,并告知顾客。

（2）报价,可以对零件费和工时费进行计算,并给出总价。

5.可视化控制管理

（1）工单移动,在正确的时间对工单、零件订购单、质量检查单等进行移动。

（2）其他情况识别,能够发现滞后和延迟的工作。

（3）停滞工作管理,能够对停滞的工作作出快速的反应。

6.维修工单的填写

（1）准确填写工单,能够根据顾客要求准确地填写维修工单。

（2）可用零件核查,能快速查找是否有可用零件。

7.零件操作

（1）零件号码查询,能够对各种车型使用的零件的号码进行查询和确定。

（2）库存控制,了解如何控制并找到各类零配件的库存。

（3）零件订购,了解如何通过零件订购系统及时地订购所需零件。

（4）紧急订购管理,了解如何制订相应的措施以降低紧急订购零件的数量。

（5）零件到货确认,能够向零件部门确认到货情况。

（6）库存知识,了解如何判断零件是否有库存、已经提前出库、摆放在恰当零件架上。

四、SA 在预约准备步骤中的必备知识

（1）预约系统。

（2）保养周期。

（3）标准工时费率。

（4）工作进程控制看板。

（5）维修工单填写标准。

（6）零件操作流程。

（7）保修政策。

五、实训工单

项目二　实训工单 2　预约准备			
学院		专业	
姓名		学号	

一、接收工作任务

　　客户李先生预约的维护保养日期马上就要到了,为了提高工作效率,减少顾客失约率,汽车服务顾问王丽丽根据预约信息,提前 3 天和客户进行了电话确认,并根据客户需要的维护保养项目,提前 2 天准备好了零配件,提前一天检查了接待时所需文件和磁贴信息。预约当天,小王又拨通了李先生的电话,确认李先生到店时间,随后在预约前 1 小时,再次拨打李先生的电话,得知李先生会准时来店,小王马上开始整理相关表格及个人仪容仪表,并将相关信息告知门卫。

二、信息收集

　　1.判断下面的说法,请在成立的答案后面的"□"打上"√",不成立的答案后面的"□"打上"×"。
　　(1)预约准备主要是针对前台,和其他部门的人员没有关系。□
　　(2)顾客的用车习惯千差万别,因此难以用一套方法对顾客实施预约。□
　　(3)预约日前几天的工作跟不同公司要求的维修零件订货周期是相关的。□
　　(4)零件的问题一般是由配件部门来完成,和 SA 的预约工作不相关。□
　　(5)预约准备时,不需要了解保修政策,因为没有现车确认车辆情况,不能准确了解车辆情况。□
　　2.就预约的准备工作,SA 应准备的内容有哪些?

三、制订计划

　　客户李先生预约的维护保养日期马上就要到了,为了提高工作效率,减少顾客失约率,汽车服务顾问王丽丽需要提前做好预约准备。请根据预约准备流程,制订相关准备工作计划。

续表

四、计划实施

1.设计预约提醒话术

服务顾问小王	客户李先生
小王：	小李：
小王：	小李：
小王：	小李：
小王：	小李：

2.预约前一天需要做的工作是：

3.预约当天需要做的工作是：

五、质量检查

实训指导教师对计划实施结果进行评价。

序号	评价标准	评价结果
1	理解预约准备工作的重要性	
2	能完成电话提醒服务	
3	掌握拨打和接听电话的技巧及规范话术	
4	熟悉预约准备工作流程	
5	能完成预约准备工作	
6	具有良好的服务意识、较好的语言表达能力和沟通能力	
7	乐于与人交流,愿意倾听客户的需求	

续表

六、评价反馈			
根据自己在本次任务中的实际表现进行评价。			
序号	评价标准	评价分值	得分
1	掌握接打电话的技巧,可以根据客户信息和 4S 店的实际工作情况完成预约提醒服务	30	
2	能够根据预约准备工作流程,完成预约提醒工作	30	
3	具有较好的语言表达能力和沟通能力	20	
4	乐于与人交流,愿意倾听客户的需求	20	
5	合计(总分 100 分)		

任务2.3　实施汽车维修车辆接待流程

学习目的

认识汽车售后服务企业的工作流程,以及实施工作流程的能力。

(1)知道接待的重要性。

(2)知道维修车辆接待的日常准备的内容。

(3)能够正确实施维修车辆接待的步骤。

(4)能够正确实施环车检查程序。

(5)知道 SA 在接待步骤中的必备技能。

(6)知道 SA 在接待步骤中的必备知识。

(7)掌握人际交流,客户关系维护能力。

学习信息

一、接待的重要性

接待环节的目标是创造顾客、车辆以及 SA 聚在一起的氛围,营造积极的服务体验。SA 角色的重要性在于:

(1)要欢迎顾客以表示对顾客的尊重。

(2)顾客对他们的印象决定于最初接触的 30 秒内。

(3)SA 代表维修企业的"公众形象"。

(4)SA 必须运用产品知识和顾客关怀技巧来满足顾客的期望。

二、维修车辆接待的日常准备

接待就是顾客来厂后,作为汽车售后服务企业的工作人员特别是汽车维修接待应该向顾客提供热情周到的服务。在顾客未到来时,汽车维修接待人员应随时做好迎接顾客到来的准备工作。

(1)维修接待每天需准备好不少于 15 份的三件套(座椅套、方向盘套、地板垫)整齐放置在三件套柜子中备用。

(2)维修接待每天需准备好必要的文件和记录单,如预约登记表、环车检查单、零件订购单、返修记录单、定期检查保养与建议单、施救单、交车前检查单(PDS)等。定期检查保养单据如图 2-2 所示。

(3)维修接待每天需准备好计算机中要使用的文件,如工时查询表、常用零件价格表、维修合同范本等。

(4)维修接待每天需检查预约看板中的预约工单等,及时更新看板,将"一日前预约"的预约工单移动到"当日入厂预定"栏中。

(5)维修接待每天需检查并填写预约欢迎看板上的内容,保障预约信息与看板预约栏的一致。

(6)维修接待每天需将预约欢迎板和当日预约工单放在三件套柜子上。客户到店时,维修接待需立即通过车型和车牌号结合预约欢迎板,确认客户是否为预约客户。

(7)维修接待每天需备好名片、干净整洁的工装、工号牌等个人礼仪用品。

三、维修车辆接待的实施步骤

维修车辆接待即是接车,是维修接待的核心任务。接车作业完成的优劣最直接地反映企业的服务水平。在这一阶段维修接待的实施步骤如下:

1.接待准备

(1)确认顾客信息和要求。

(2)准备施工单(顾客预约单、估算单,保养检查单)。

(3)预先复印一份零件订购记录。

(4)把三件套放置在容易拿取的位置。

(5)把工单放在维修工作进程控制板上。

2.迎接顾客

(1)SA 需始终注意顾客的来厂情况,如果看到有车辆靠近接待的车位时,必须立刻出门迎接。

T51 定期保养作业记录表

工单号：　　　　　　　　　　检查日期：　　年　月　日

发动机室

■ 蓄电池
- ·蓄电池固定状态
- ·液量及端子腐蚀,松动
- ·负荷测试

蓄电池

■ 传动皮带
- ·皮带有无松弛损伤

发电机　　风扇　　动力转向

■ 空气滤清器
- ·有无脏污、堵塞、损伤
- ·清洁或更换

空气滤清器滤芯

■ 冷却装置
- ·风扇皮带是否松弛、损伤

各油液检查
- ·制动液
- ·冷却液
- ·玻璃清洗液
- ·发动机机油
- ·空调冷媒量
- ·A/T油
- ·离合器液
- ·动力转向液

车内检查

■ 驻车制动器
- ·咔嗒声、指示灯点灭
- ·制动功能

手刹/脚刹

■ 制动踏板
- ·自由行程
- ·踏下踏板后与地板的间隙
- ·制动功能

制动踏板

■ 仪表灯检查
- ·是否正常点灭

■ 喇叭检查

■ 方向盘检查
- ·直进性、左右转动90度
- ·自由行程
- ·松动及摆动
- ·方向锁

■ 空调
- ·空调滤清器
- ·后空调滤清器

制动系统

■ 鼓式制动器
- ·制动鼓与制动蹄片的间隙
- ·制动蹄滑动部分
- ·制动蹄片的磨损

制动蹄片

制动蹄片剩余厚度
左后轮:	mm
右后轮:	mm

■ 盘式制动器
- ·制动盘与制动衬块的间隙
- ·制动衬块的磨损

制动衬块

制动衬块剩余厚度
左前轮:	mm
左后轮:	mm
右前轮:	mm
右后轮:	mm

车轮

■ 四轮换位
（每一万公里进行换位）

■ 轮胎/螺栓(含备胎)
- ·裂纹、损伤、异物
- ·异常磨损、胎纹的深度
- ·气压检查、调整
- ·螺栓螺母紧固

胎纹深度
左前轮:	mm
左后轮:	mm
右前轮:	mm
右后轮:	mm

车体检查

■ 车辆外部各类车灯
- ·前、后部灯光检查
- ·行李箱灯光

■ 后视镜

■ 雨刷片、喷水器
- ·雨刷片功效
- ·喷水器喷射角度

■ 车窗

底盘部分检查

■ 制动软管
- ·损伤及泄漏

■ 转向机是否泄漏

■ 发动机机油更换
- ·机油更换
- ·放油螺栓垫片更换

■ 机油滤清器更换

更换零件
更换零件	数量
机油	
放油螺栓垫片	
机油滤清器	

其他追加检查项目/零部件

保养提示

下次检查日期：　　年　月　日

表格中的符号注解

检查良好:	√	更换:	R	修理:	X	紧固:	T
调整:	A	清洁:	C	加液:	L	无此设备:	/

班组负责人:	维修技师:	顾客签字:

"*"表示根据车型配置进行的选择性追加项目

图 2-2　定期检查保养作业记录表

当客户的车辆进入接车区域,SA 要在 10 秒内与客户进行视线接触,并采用小步快走的方式上前问候,察觉到客户有下车意图,要主动为客户打开车门。如果有事没有办法马上接待的话,要向客户点头示意稍等。

(2)一定要向顾客致意,需面带微笑,给顾客留下良好的印象。

(3)感谢顾客的光临,并作自我介绍,递上名片。

3.询问客户需求

客户到店后,SA 要认真了解客户的需求及来店的目的。如果需要服务,要明确服务的类型。如果是其他目的,则要尽可能提供相应的帮助。对于需要服务的车辆,应该及时对车辆进行预检,并认真倾听客户反映的故障现象,和客户一同确认故障现象,优秀的 SA 可以初步判定故障的原因。

注意:

倾听!听取客户陈述时,不能随意打断客户说话,更应该听取客户所要表达的意思,等客户陈述完毕以后,可以复述并向客户进行确认。客户对于故障现象的描述一定要用原话记录在"环车检查单"上对应的"顾客要求维修内容/对故障现象描述"栏目中。

4.环车检查

SA 对车辆进行环车检查的主要目的是:向顾客展示 SA 从业人员的专业技能,确认维修前的车辆状况,发掘顾客不一定注意到的维修机会,为交车时成果展示奠定基础,保障客户和公司双方的利益。环车检查的具体步骤如下:

(1)当着顾客的面,在车内铺上座椅防护套和脚垫以表现对顾客车辆保护的重视,和客户共同确认必要项目,并记录在环车检查表中。一边绕车检查,一边记录检查过程中发现的情况,检查完毕后,请客户在"环车检查单"上签字确认。如里程数、车辆型号、外观有无伤痕或凹陷处,在实车确认过程中,如果发现有其他需要维修的地方,及时向客户建议,以及车内有无贵重物品,如有,则推荐顾客带走,避免遗失。

环车检查单（施工单附页Repair Order Supplement）

售后服务顾问

顾客资料								
车牌			车型			行驶里程		
维修日期			维修时间			预计交车时间		
车身状况								
划痕			裂痕			坑纹		
备注								
轮胎	□ √	□ ×	备胎	□ √	□ ×	天线	□ √	□ ×
轮毂盖	□ √	□ ×	头枕	□ √	□ ×	音响	□ √	□ ×
唱片	□ √	□ ×	随车工具			车内物品		
车身清洁度			其他					
顾客要求维修内容/对故障现象描述								
故障状态								
1				4				
2				5				
3				6				
旧件处理（顾客付费部分）			□带走		□委托本公司处理			

油表读数

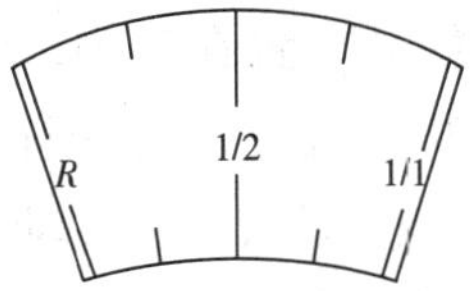

R   1/2   1/1

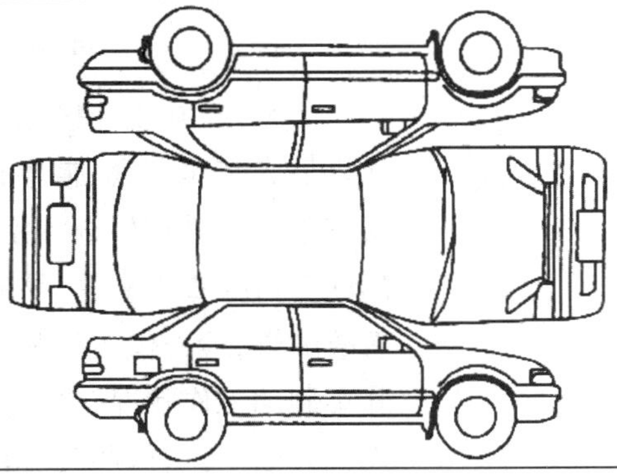

— 划痕
× 裂痕
○ 坑纹

顾客签署 _____

请勿将贵重物品置于车内，如有遗失，恕不负责。

×××汽车有限公司

×××汽车有限公司

图 2-3　环车检查单

（2）确认故障时，如需试车，请技术主管同乘。

（3）环车确认完毕后，引导顾客到厂内的接待前台入座。之后，SA 首先要获取顾客在"环车检查单"上的签名，环车检查单如图 2-3 所示。然后确认顾客的维修记录。

环车检查要遵循一定的步骤，SA 一定要引导顾客来共同实施，一般采用顺时针或逆时针的顺序，目的是为了体现出服务的标准性和统一性，避免漏检，尽可能地节约时间以提高工作效率。顺序针方向如图 2-4 所示。

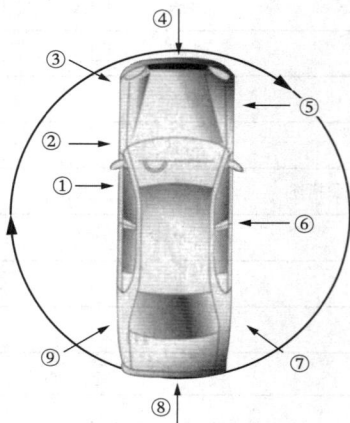

图 2-4　环车检查步骤示意图

①号位：礼貌迎接顾客，请顾客提供保修手册，在得到顾客允许后先将座椅套、脚垫、方向盘套等物品放置在车内，然后进入驾驶室内进行检查。手套箱是顾客的私密空间，在征得顾客的同意后检查手套箱，核实里程数，记录燃油量，启动发动机，查看故障灯，检查仪表板和电气元件的工作状况，检查制动踏板及驻车制动工作状况，检查方向盘工作状况，检查前、后排座椅、仪表台等处是否有顾客遗留的贵重物品，检查挡风玻璃有无损伤。从车内出来前，释放发动机盖拉锁和所有门锁。

②号位：检查左前门锁机构及外观状况，记录左前门、后视镜有无损伤，检查风挡玻璃的损伤情况，核实车架号，检查左侧雨刷片是否硬化或有裂纹。

③号位：检查左前翼子板、发动机盖有无损伤，检查风挡玻璃的损伤情况，检查左前轮胎是否有不均匀磨损、裂纹，检查左前轮毂是否有损伤，轮毂盖是否遗失。

④号位：检查前大灯、前雾灯、前杠、发动机盖、中网及车标，

确认车牌,检查发动机舱里的部件(如风扇皮带是否老化、所有油液的存量和质量,是否有机油或水泄漏,橡胶软管是否老化,电线是否有磨损、脱落,电池液高度等),如果有需要进行路试或故障诊断,可请车间主任或技师来完成。

⑤号位:检查右前翼子板、发动机盖、后视镜有无损伤,检查风挡玻璃的损伤情况,检查左前轮胎是否有不均匀磨损、裂纹,检查左前轮毂是否有损伤,轮毂盖是否遗失。

⑥号位:检查右侧车身的损伤情况,检查右侧前后门的开关锁止状况,检查右侧前后门内饰板、地毯、座椅等是否损坏,检查是否有贵重物品遗忘在车后座或地板上。

⑦号位:检查右后轮胎是否有不均匀磨损、裂纹,检查右后轮毂是否有损伤,轮毂盖是否遗失,检查后风挡玻璃的损伤情况。

⑧号位:检查后备箱盖、后杠是否有损伤,确认车牌,检查尾灯外观,检查后风挡玻璃的损伤情况,邀请顾客一起确认后备箱内的贵重物品、备胎及随车工具。

⑨号位:检查左侧的车身和油漆损伤,检查左后门内饰板是否损坏,检查后风挡玻璃的损伤情况,检查左后轮胎是否有不均匀磨损、裂纹,检查左后轮毂是否有损伤、轮毂盖是否遗失,检查车顶。

5.制作施工单和估算单

施工单如图 2-5 所示,估算单如图 2-6 所示。

(1)打印施工单,在施工单上输入获得的信息,输入估计完工时间。

(2)制作估算单,在估算单上清晰标示工时费、零件费和总价。

(3)获取顾客在所有单据上的签名。

现在,许多企业为了提高工作效率,将环车检查单、施工单和估算单结合在一起形成新型的单据"车辆维修确认单",如图 2-7 所示。

6.解释工作明细和费用

(1)解释工作明细。

(2)说明工作所需时间和交车时间。

(3)解释费用估算。

(4)再次确认付款方式。

××丰田施工作业单

工单NO.			预约车辆	否□　是□	预约单号		维修类型				
车牌号码	渝A-BD×××	VIN No.	LFMARE2CXAO247717	预约到店			定保□　　一般□　　钣喷□　　保修□				
车身颜色		车型代码	ZRE152L-GEPEKC	车型年份			免保类型		首保□　　二保□		
客户姓名/单位名称			××				登记首次来店		是□	否□	
联系地址	重庆市渝北区桃源大道×××号			邮编	401120		SSC/CSC确认		有□	无□	
							维修履历确认		有□	无□	
电话1	××××××××××		电话2				上次入厂		2014年06月13日　10 203 km		
备注							接修时间		2014年09月13日　11时07分57秒		
客户委托事项							此次里程		km		
							承诺预交时间		年　月　日　时　分		
							变更交车时间		年　月　日　时　分		
确认项目	洗车□　　在店等候□　　旧件是否带走□			结算方式		现金□　　刷卡□　　协议转账□　　保险转账□　　其他□					

维修/诊断内容	工时费	必要的零件	零件费	维修/诊断结果	技师确认
预估工时费		预估零件费		预估费用总计	

追加事项:					
追加工时费		追加零件费		追加总费用	顾客确认结果

要求完工时间		开工时间①		完工时间①		提交DTR	是□	否□
中断时长		开工时间②		完工时间②		TWC判定	是□	否□
中断原因		质检时间		质检合格签字		TWC判定签字		

委托维修特别约定

本人已完全同意以上维修保养内容、价格及维修特别约定。		客户签名		SA签名	

图 2-5　施工单

估算结果报告

客户签字	接待员签字

订单No.

接待员　　　　×××

车牌号　　　　渝A-BD×××

VIN No.　　　LFMARE2CXA0247717

车 型　　　　ZRE152L-GEPEKC

接车日　　　　2014/09/13

外观色　　　　　　　　　　内饰色

支付方　　　　××

电话1　　　　×××××××××

电话2

合计金额	估算金额	预付款
72.00	72.00	0.00

重庆××丰田汽车服务 有限公司	
邮编	400000
地址	重庆市××××× 路×××号
电话	023-××××××××
FAX	（023）××××××××

维修种类　　定期保养　　　　　行驶公里　15 006 km

下次入库预定　2014/12/13（20 000公里）

建议　　　　　保养

顾客要求:　　保养

维 修 明 细				
维修代码	维修名称	维修种类	作业班组	维修费
151011	机油滤清器:机油滤清器总成拆装/更换	定期保养		72.00
维 修 金 额 合 计				72.00
零 件 明 细				
零件代码	零件名称(*为替代零件)	B/O	数量	维修种类	售价
零件金额合计					

图 2-6　估算单

×××丰田汽车服务有限公司
车辆维修确认单

维修类型	□定期保养	□一般维修
	□保险事故	□内部修理
	□免费检查	□5K/10K
	□故障诊断	□保养
	□返修	□其他

车牌号		工单号		技术员		停车位		预约车零件准备
□预约车	年 月 日 时 分			预约专员		入厂		在库
入厂时间	年 月 日 时 分			□VIP		完工		订货
交车时间(预定)	年 月 日 时 分			□在厂等候	□稍后取车			数量
预约确认	年 月 日 时 分			□依约入厂	□另行安排		□取消预约	
中间报告	年 月 日 时 分			预约预估费用				

客户姓名		联系电话		下次入厂时间(公里)	
地址				车型年份	
车型		VIN		行驶里程	保险公司

委 修 内 容		到期日

顾客维修需求:

委修条款
1.客户交修车辆应自选保险,如发生不可抗力之灾损,本公司恕不负赔偿责任。
2.本人同意贵公司因修复上需要在公路上试车。

故障诊断	诊断开始时间		诊断结论		诊断技师签名	
	诊断完成时间					

尚未实施的市场处置	□无 □有_____	保修确认	□是_____	技术支援	□是_____
		DTR提交	□是_____	签名栏	

环车检查		交车前检查	□所有作业项目完成　□后视镜/座椅位置	SA签名
	内部 □雨刮　□天窗　□玻璃/动作 □车身灯光　□喇叭　□故障灯 □倒车镜　□观后镜　□水温表 □遮阳板　□空调　□音响 □点烟器　□烟灰缸　□车辆内饰 燃油量E├──1/2──┤F满		□车辆环检单再确认　□车辆内外清洁情况	
		接车确认	□贵重物品提示　□工具　□备胎　□旧件查看 洗车:□是　　□否	
	外部 □前后挡玻璃　□车身标志　□轮盖 □备胎及工具　□倒车雷达　□车灯 □车身清洁状况_____%	交车说明	□效果展示　□旧件展示　□维修完成情况　□作业项目 □费用说明　□下次保养提醒　□填写保修手册　□满意度调查	
	备注:	回访说明	回访方式:□电话　□短信　电话:_____ 回访时间:□8:30-10:30　□10:30-12:30　□13:30-15:30　□15:30-17:30	
		付款方式	□现金　□信用卡　□支票　□保险　□保修　□挂账	

质检结果	□OK	质检签名		费 用 预 估		
追 加 作 业			工时费		顾客签名	
项目		顾客确认	零件			
预估费用			油料			
延期时间	月 日 时 分		其他		服务专员	
请为我们的服务评分	总分10分		合计			

服务顾问已经向您解释、说明维修、保养内容并做实车确认,
客户认可维修、保养项目/要求维修故障已解决。

客户认可签字确认栏:

预约专线:×××××××××
传真:×××××××××××

第一联:派工联(白)　第二联:接待联(红)　第三联:零件联(蓝)　第四联:客户联(黄)

图 2-7　车辆维修确认单

（5）询问并记录是否需要洗车。

（6）询问并记录是否需要保留旧件。

（7）复述工作内容。

（8）记录说明结果和员工姓名。

（9）确认顾客签名和车钥匙。

（10）询问顾客是否在店等候，并引导顾客至客户休息区或安排顾客离开。

注意：

施工单的制作必须依据"入厂履历"，避免重复维修。在维修项目上，首要是必须完成顾客的要求，其次是根据"入厂履历"和环车检查过程中发现的问题向顾客提供专业的维修项目建议。

四、SA 在接待步骤中的必备技能

1.沟通技巧

（1）倾听，主动积极地听取顾客的实际需求和顾虑，能体会顾客的感受。

（2）复述，准确复述顾客提出的要求。

（3）提问，能够通过提问来获得更准确的信息。

（4）填写，在维修工单上填写顾客的原话。

（5）解释，可以给予顾客易于理解的解释并提出服务建议。

（6）说明，能够清楚地通过电话进行表达，并使用良好的电话礼仪。

2.顾客信息管理

数据库查找/筛选，可以使用数据库进行查找、分类及选择目标顾客。

3.估价

（1）服务项目估算。对保养和小修理项目，能够对所需零件和工时进行判定，并告知顾客。

（2）报价。可以对零件费和工时费进行计算，并给出总价。

4.可视化控制管理

（1）工单移动。在正确的时间对工单、零件订购单、质量检查单等进行移动。

（2）其他情况识别。能够发现滞后和延迟的工作。

（3）停滞工作管理。能够对停滞的工作作出快速的反应。

5.维修工单的填写

（1）准确填写工单。能够根据顾客要求准确地填写维修工单。

（2）可用零件核查。能快速查找是否有可用零件。

6.保修处理

（1）判断。能够判断该项工作/零件是否在保修范围内。

（2）保修说明。能向顾客正确解释保修范围和好处。

（3）共享保修信息。能在工单或其他信息共享的文件上清楚显示保修。

（4）保修零件处理。能给厂家对保修更换的零件进行标签和储存。

7.环车检查

（1）确定附加项目。在环车检查过程中能确定需求注意的额外区域。

（2）外部钣喷检查。能对车辆判定车身或漆面损伤。

（3）在顾客需求和车辆情况基础上推荐产品。

五、SA 在接待步骤中的必备知识

SA 在接待步骤中需具备的必备知识如下：

（1）保养与维修价目表。

（2）预约系统。

（3）环车检查程序。

（4）零件业务流程。

（5）工作进程控制看板。

（6）保养周期。

（7）标准工单。

（8）保修政策。

六、实训工单

<table>
<tr><td colspan="4" align="center">项目二　实训工单 3　汽车维修车辆接待</td></tr>
<tr><td align="center">学院</td><td></td><td align="center">专业</td><td></td></tr>
<tr><td align="center">姓名</td><td></td><td align="center">学号</td><td></td></tr>
<tr><td colspan="4" align="center">一、接收工作任务</td></tr>
<tr><td colspan="4">　　客户进行预约后,服务顾问王丽丽做好了接待准备;客户李先生到达 4S 店后,服务顾问热情周到的接待并陪同客户一起完成了环车检查,仔细听取了客户对车辆故障现象的描述,通过初步问诊与交流判断出故障原因并制定维修方案。车辆送入维修车间后,服务顾问及时将维修进度反馈给客户。</td></tr>
<tr><td colspan="4" align="center">二、信息收集</td></tr>
<tr><td colspan="4">

1.判断下面的说法,请在成立的答案后面的"□"打上"√",不成立的答案后面的"□"打上"×"。

(1)顾客来修车,重点是汽车维修的质量,因此接待环节应尽量简化。□

(2)环车检查可以保障顾客和企业双方的利益。□

(3)环车检查可以帮助挖掘维修机会,提高顾客的满意度。□

(4)对于熟悉的顾客,环车检查可以省略。□

(5)估算价格应由零部件部门和车间来共同确定。□

2.如何进行车辆问诊预检?

(1)什么是 5W2H 问诊法?

(2)对车辆进行维护派工前的预检有何意义?

(3)预检所做的内容有哪些?

(4)进行车辆预检时,是否需要邀请客户一起预检? 为什么?

(5)对于预检过程中发现客户并不知道的故障现象如何处理?

</td></tr>
</table>

续表

3.车辆问诊常见问题解答(表2-4)。

表2-4　车辆问诊常见问题

常见问题	解答
为什么冷车噪声大	
维护之后车辆噪声是否会变小	
为何冬天不开空调也不省油	
为什么实际行驶与买车的时候所说的油耗不一样	
为何车辆油耗高	
为何有时车灯内有水汽	
玻璃水有什么用,加水行吗	
防冻液亏了能加水吗	
轮胎充氮气有什么好处	
为什么要做轮胎换位动平衡	
刚刚验过车,为何ABS灯亮了? 怎么办	
要走高速跑长途之前应该检查什么	

4.服务顾问应该如何跟踪车辆维护进度?

三、制订计划

　　奥达丰田汽车公司的顾客卡罗拉的车主李先生本次来店进行车辆普通保养,没有预约,而且来店时车辆比较脏。请根据维修接待流程要点,制订客户接待的工作计划。

四、计划实施

　　1.阅读以下材料,完成相应问题。

　　情景1:今天上午9点,李先生会按时到店做维护保养,服务顾问小王准备接待李先生,完成维修接待工作。

　　请根据材料内容,填写环车检查单、施工单和估算单和车辆维修确认单中的内容(在活动中,顾客应尽量配合SA的工作)。卡罗拉普通保养一次工时费为72元,每次保养需4 L机油,每拆装机油滤芯1次须更换换油螺丝垫片1个。卡罗拉部分零件价格如下:

零件名称	价格
机油滤芯	39 元
5W-20 机油(4 L 装)	266 元
5W-40 机油(1 L 装)	110 元
换油螺丝垫片	5 元

续表

环车检查单（施工单附页Repair Order Supplement）

售后服务顾问

顾客资料					
车牌		车型		行驶里程	
维修日期		维修时间		预计交车时间	
车身状况					
划痕		裂痕		坑纹	
备注					
轮胎 □√ □×		备胎 □√ □×		天线 □√ □×	
轮毂盖 □√ □×		头枕 □√ □×		音响 □√ □×	
唱片 □√ □×		随车工具		车内物品	
车身清洁度		其他			
顾客要求维修内容/对故障现象描述					
故障状态					
1			4		
2			5		
3			6		
旧件处理（顾客付费部分）		□带走		□委托本公司处理	

油表读数

R　　1/2　　1/1

－ 划痕
× 裂痕
○ 坑纹

顾客签署

请勿将贵重物品置于车内，
如有遗失，恕不负责。

×××汽车有限公司

×××汽车有限公司

××丰田施工作业单

工单NO.		预约车辆	否□ 是□	预约单号			维修类型			
车牌号码	渝A-BD×××	VIN No.	LFMARE2CXAO247717	预约到店		定保□	一般□	钣喷□	保修□	
车身颜色		车型代码	ZRE152L-GEPEKC	车型年份		免保类型	首保□		二保□	
客户姓名/单位名称			××			登记首次来店	是□		否□	
联系地址	重庆市渝北区桃源大道×××号			邮编	401120	SSC/CSC确认	有□		无□	
						维修履历确认	有□		无□	
电话1	××××××××××	电话2				上次入厂	2014年06月13日　10 203 km			
备注						接修时间	2014年09月13日　11时07分57秒			
客户委托事项						此次里程		km		
						承诺预交时间	年　月　日　时　分			
						变更交车时间	年　月　日　时　分			
确认项目	洗车□	在店等候□	旧件是否带走□	结算方式	现金□	刷卡□	协议转账□	保险转账□	其他□	

维修/诊断内容	工时费	必要的零件	零件费	维修/诊断结果	技师确认
预估工时费		预估零件费		预估费用总计	
追加事项:					
追加工时费	追加零件费		追加总费用		顾客确认结果

要求完工时间		开工时间①		完工时间①		提交DTR	是□	否□
中断时长		开工时间②		完工时间②		TWC判定	是□	否□
中断原因		质检时间		质检合格签字		TWC判定签字		

委托维修特别约定

本人已完全同意以上维修保养内容、价格及维修特别约定。	客户签名		SA签名	

续表

估算结果报告

估算日 2014/09/13 11:01:18

客户签字	接待员签字

订单No.

接待员　　　×××

车牌号　　　渝A-BD×××

VIN No.　　 LFMARE2CXA0247717

车　型　　　ZRE152L-GEPEKC

接车日　　　2014/09/13

外观色　　　　　　　　　　　内饰色

支付方　　　××

电话1　　　×××××××××

电话2

合计金额	估算金额	预付款
72.00	72.00	0.00

重庆××丰田汽车服务有限公司	
邮编	400000
地址	重庆市×××××路×××号
电话	023-××××××××
FAX	(023)××××××××

维修种类　　定期保养　　　　行驶公里 15 006 km

下次入库预定 2014/12/13(20 000公里)

建议　　　　保养

顾客要求:　　保养

维 修 明 细				
维修代码	维修名称	维修种类	作业班组	维修费
151011	机油滤清器:机油滤清器总成拆装/更换	定期保养		72.00
维 修 金 额 合 计				72.00

零 件 明 细					
零件代码	零件名称(*为替代零件)	B/O	数量	维修种类	售价
零件金额合计					

×××丰田汽车服务有限公司
车辆维修确认单

维修类型	□定期保养	□一般维修
	□保险事故	□内部修理
	□免费检查	□5K/10K
	□故障诊断	□保修
	□返修	□其他

车牌号		工单号		技术员		停车位		预约车零件准备	
□预约车	年 月 日 时 分		预约专员		入厂		在库	
入厂时间	年 月 日 时 分		□VIP		完工		订货	
交车时间(预定)	年 月 日 时 分		□在厂等候	□稍后取车		数量	
预约确认	年 月 日 时 分		□依约入厂	□另行安排		□取消预约	
中间报告	年 月 日 时 分		预约预估费用				

客户姓名		联系电话		下次入厂时间(公里)	
地址			车型年份		
车型		VIN	行驶里程	保险公司	

委修内容

到期日

服务专线:×××××××
预约专线:×××××××
传真:×××××××

顾客维修需求:

委修条款	1.客户交修车辆应自选保险,如发生不可抗力之灾损,本公司恕不负赔偿责任。 2.本人同意贵公司因修复上需要在公路上试车。

故障诊断	诊断开始时间		诊断结论		诊断技师签名	
	诊断完成时间					

尚未实施的市场处置	□无	保修确认	□是_____	技术支援	□是_____
	□有_____	DTR提交	□是_____	签名栏	

环车检查	内部	□雨刮 □天窗 □玻璃/动作 □车身灯光 □喇叭 □故障灯 □倒车镜 □观后镜 □水温表 □遮阳板 □空调 □音响 □点烟器 □烟灰缸 □车辆内饰 燃油量E ___ 1/2 ___ F满	交车前检查	□所有作业项目完成 □后视镜/座椅位置 □车辆环检单再确认 □车辆内外清洁情况	SA签名
			接车确认	□贵重物品提示 □工具 □备胎 □旧件查看 洗车:□是 □否	
	外部	□前后挡玻璃 □车身标志 □轮盖 □备胎及工具 □倒车雷达 □车灯 车身清洁状况___%	交车说明	□效果展示 □旧件展示 □维修完成情况 □作业项目 □费用说明 □下次保养提醒 □填写保修手册 □满意度调查	
		备注:	回访说明	回访方式:□电话 □短信 电话:_____ 回访时间:□8:30-10:30 □10:30-12:30 □13:30-15:30 □15:30-17:30	
			付款方式	□现金 □信用卡 □支票 □保险 □保修 □挂账	

质检结果	□OK	质检签名		**费用预估**		
追加作业				工时费		顾客签名
项目		顾客确认		零件		
预估费用				油料		服务专员
延期时间	月 日 时 分			其他		
请为我们的服务评分	总分10分			合计		

服务顾问已经向您解释、说明维修、保养内容并做实车确认,
客户认可维修、保养项目/要求维修故障已解决。

客户认可签字确认栏:

第一联:派工联(白) 第二联:接待联(红) 第三联:零件联(蓝) 第四联:客户联(黄)

续表

情景2:王先生来店进行车辆保养时,车上放置了很多东西,如名牌皮包、高档香烟、高档手机、零钱若干等,请接待王先生,并填写相关单据。
情景3:王先生本次预约来店进行车辆普通保养,作为SA的你忘记填写车辆维修确认单,请你接待王先生,采取一定的补救措施,并填写车辆维修确认单。
2.服务顾问小王安排客户李先生到客户休息区等待,将车辆送入维修车间。客户在维修等待过程中,服务顾问可能需要做哪些工作?   (1)设计客户关怀话术。   (2)服务顾问小王每隔一小时到车间巡查一次,了解车辆维护进度并向李先生汇报。

五、质量检查

实训指导教师检查作业结果,并针对实训过程出现的问题提出改进措施及建议。

序号	评价标准	评价结果
1	能做好客户接待工作,能够正确运用接待礼仪	
2	能概括车辆维护的类型和内容	
3	能够复述车辆预检的内容	
4	能够说明车辆预检的作用	
5	能陪同客户一起完成车辆预检工作并正确填写问诊预检单	
6	能够准确估算维护费用及客户等待时间并正确填写维修确认单	
7	能够向客户解释车辆维护的内容,说明维护费用的组成	
8	能够阐述维修作业时间和工时的含义	
9	能够进行合理派工	
10	能够概括日常维护维修作业的流程	
11	能用规范的语言和客户进行有效沟通	
12	良好的工作态度,与人为善、积极主动的工作作风,较好的沟通能力	

六、评价反馈				
根据自己在本次任务中的实际表现进行评价。				
序号	评价标准		评价分值	得分
1	能够根据客户到店时间做好接待准备工作,掌握不同类型客户的接待技巧		20	
2	能够根据客户描述,初步确认车辆问题,规范地完成车辆问诊和预检工作		20	
3	掌握估时、估价方法,可以根据客户车辆的维护项目,准确估算维护费用及客户等待时间		20	
4	能正确填写相关表格		20	
5	能用规范的语言和客户进行有效沟通		20	
6	合计(总分100分)			

任务 2.4　实施生产作业工作流程

学习目的

（1）知道 SA 在生产作业中的工作要求。

（2）能够正确实施生产作业过程中的工作流程。

（3）知道质量检验的要求和内容。

（4）知道 SA 在生产步骤中的必备技能。

（5）知道 SA 在生产步骤中的必备知识。

（6）团队目标实现的大局意识和团队能力.

（7）培养诚信、友善的价值观。

学习信息

一、SA 在生产作业中的工作要求

来店维修汽车的顾客往往期望"按照估算的价格按时完成保养"，"有追加项目或价格与估价不同时尽快联系顾客本人取得同意"，"针对所做工作，追加费用和原因提供准确的说明"，"如果在承诺交车时间前车辆就准备好要联系顾客本人"等。因此，SA 在生产作业过程中依然扮演着十分重要的角色，主要体现在对 SA 有以下工作要求：

（1）保持与零件部门的同步和有效的交流。

（2）根据技术水平和当天工作计划分配工单。

（3）优先对待返修和等候顾客。

（4）利用目视化管理工具来跟踪技师工作情况和作业进程。

（5）监控所有维修中断车辆，包括外包加工。

二、生产作业过程中的工作流程

（一）保养（一般维修）

1.工作准备

(1)查看详细工作说明。

(2)移动工单,代表工作开始。

(3)把车辆移至相应的工位。

(4)记录车辆初始情况。

(5)领取所需零件并签字。

2.保养工作(一般维修)

(1)记录工作开始时间。

(2)进行保养工作。

(3)把车辆恢复到初始状态。

(4)准备旧件及说明。

(5)完成 4S 工作,即整理、整顿、清扫、清洁。

(6)记录保养结果及职员姓名。

(7)确认工作质量并记录结果。若是一般维修,则诊断技师需要填写质量和诊断报告。

3.完成工单移动,代表工作完成

4.若有追加项目

假如发现修理过程中需要追加项目,必须立即停止工作,重新获取顾客的追加项目施工的授权,因为追加项目会改变原始估价和交车时间。具体操作过程如下:

(1)确认和记录追加项目、所需零件。

(2)修改接待时估算的交车时间和费用。

(3)立即联系顾客,说明追加项目和费用,取得顾客授权。

5.确保生产安排必须满足对顾客承诺的交车时间

生产安排的首要前提就是必须满足对顾客承诺的交车时间。在考虑生产所需时间时,必须考虑质量检查、洗车等环节的耗时,还要考虑午间休息的时间安排,尽量减少车辆在非生产环节的等待时间。

（二）交车准备

1.准备车辆外观和内部清洁

（1）检查工单完成情况。

（2）移动车辆。

2.交车准备

（1）完成车辆清洁。

（2）移动车辆至交车前的等待区域。

（3）输入交车检查结果和质检人员姓名。

（4）移动工单。

（三）结算

1.准备结算

（1）检查所需单据。

（2）确认交车前检查已完成。

（3）准备旧件。

（4）输入交车前检查结果和 SA 姓名。

2.结算流程

（1）输入结算信息，打印发票。

（2）输入保养服务记录。

（3）报告保养完成，输入维修技师姓名。

3.保存工单

假如不是马上要交车，就先保存工单并进行移动。

注意：

在工作完成时及时通知顾客再次确认交车时间，这样可以确保按时交车，同时向顾客及时汇报工作进度，以表示对顾客无微不至的关怀。

三、质量检验

1.应检查确认的项目

为达到一次修复的目的，SA 应向诊断技师请求技术支援并一起向顾客汇报结果。SA 同时应检查确认以下项目：

（1）SA 用顾客的语言描述故障。

（2）诊断技师的诊断报告。

（3）维修结果和质量检查确认。

2.每辆车都应该进行质量检验

表 2-5 是需要实施质量检验的优先顺序，以避免发生潜在投诉。

表 2-5　汽车维修质量检验优先顺序表

优先顺序	具体项目
1	与安全有关问题 返修的项目
2	顾客投诉的项目
3	保修的维修项目
4	召回的维修项目
5	与驾驶性能和 NVH 相关的维修项目
6	制动系统和悬挂系统维修
7	大保养服务
8	高价值车辆
9	技术员找不到问题的车辆
10	有外包加工的车辆

四、SA 在生产步骤中的必备技能

1.沟通技巧

（1）倾听，主动积极地听取顾客的实际需求和顾虑，能体会顾客的感受。

（2）复述，准确复述顾客提出的要求。

（3）提问，能够通过提问来获得更准确的信息。

（4）填写，在维修工单上填写顾客的原话。

（5）解释，可以给予顾客易于理解的解释并提出服务建议。

（6）说明，能够清楚地通过电话进行表达，并使用良好的电话礼仪。

2.估价

（1）服务项目估算,对保养和小修理项目,能够对所需零件和工时进行判定,并告知顾客。

（2）报价,可以对零件费和工时费进行计算,并给出总价。

3.可视化管理工具的使用

（1）工单移动,在正确的时间对工单、零件订购单、质量检查单等进行移动。

（2）异常情况识别,能够发现滞后和延迟的工作。

（3）停滞工作管理,能够对停滞的工作作出快速的反应。

4.车间工作计划

（1）技师技能控制,能够根据技师的技能水平来安排工作任务。

（2）工作派遣,能够根据不同工作类型所需技能和时间以及承诺的交车时间将工作分派给合适的技师。

（3）平准化,能够制订日常工作计划以减少超负荷现象。

（4）计划调整,当各种条件发生改变时,能够对工作计划重新调整。

5.维修工单的填写

（1）准确填写工单,能够根据顾客要求准确地填写维修工单。

（2）可用零件核查,能快速查找是否有可用零件。

五、SA 在生产步骤中的必备知识

（1）保养与维修价目表。

（2）保修政策。

（3）维修工单标准。

（4）洗车流程。

（5）质量检验表。

（6）结算。

六、实训工单

项目二　实训工单4　生产作业工作流程			
学院		专业	
姓名		学号	

一、接收工作任务

　　今天,服务顾问王丽丽接待了一位前来做维护保养的客户李先生。此时,李先生的车正在车间做10 000 km的常规保养,王丽丽安排李先生到客户休息区休息,并及时与零配件和维修部门沟通,跟进工作情况和作业进程,针对保养过程中的追加项目、追加费用等问题进行说明和解释。

二、信息收集

　　1.判断下面的说法,请在成立的答案后面的"□"打上"√",不成立的答案后面的"□"打上"×"。

　　(1)根据技术水平和当天工作计划分配工单是车间的事,SA不需要在这上面浪费时间。□

　　(2)追加项目必须获得顾客的授权。□

　　(3)追加项目时必须向顾客说明价格的变化,需要延长交车时间。□

　　(4)返修、投诉的顾客要优先进行质量检验。□

　　(5)在生产作业过程中,SA要随时和车间保持联系,以便及时掌握维修进度,确保按时交车。□

　　(6)在生产作业完成前,SA应当准备好交车资料。□

　　(7)准备将维修情况输入计算机系统时,不必输入具体的维修技师姓名。

　　2.服务顾问如何保障维修质量?

　　3.服务顾问在检查时发现车辆还有问题没有处理好,而客户李先生又着急取车,如果你是服务顾问王丽丽,你会如何处理?

　　4.车辆结算时,涉及的维修票据有哪些?

续表

三、制订计划
客户李先生的车在维护保养过程中,需要追加作业,请以服务顾问的身份确认和处理,并根据服务顾问在生产作业中的工作要求制订工作计划。

四、计划实施

1.在车辆交付给客户之前,车间要监控维修作业质量,避免出现返工或返修现象,以提升客户满意度。请根据实际情况将质检结果填写到维修进程质量检验单中。

维修确认单编号		维修班组		送修人	
				车牌号	
作业时间		检验时间		预计交车时间	
维修项目	项目明细	维修技师自检	质检员终检		服务顾问终检
服务增项					
不合格项返工记录					
服务延时原因					
交车前外观检查					
试车检验					
是否洗车					
备注					

2.在维护保养过程中发现需要追加维修项目,服务顾问应该怎么做?

3.维护保养等待的时间较长,客户有点不耐烦,服务顾问应该怎么说,更容易缓解客户的情绪?

五、质量检查

请实训指导教师对计划实施结果进行评价。

序号	评价标准	评价结果
1	能配合车间主任给客户验车	
2	能够向客户解释车辆维护的内容,说明维护费用的组成	
3	能及时向客户通报维护过程和结果	
4	能够解释维护费用组成并填写交车结算单	
5	具有团队目标实现的大局意识和团队能力	
6	具有诚信、友善的价值观	

六、评价反馈

根据自己在本次任务中的实际表现进行评价。

序号	评价标准	评价分值	得分
1	能够完成车辆交付前的准备工作,掌握解释维护项目的方法,向客户说明维护结果,能陪同客户完成验收结算	30	
2	与客户沟通车辆增项内容,能运用沟通技巧进行解释、异议处理。	30	
3	能积极与其他部门同事配合完成交车准备	20	
4	具有团队意识和大局意识	10	
5	在工作中做到诚信、友善	10	
6	合计(总分100分)		

任务 2.5　实施交车工作流程

学习目的

（1）知道 SA 在交车作业中的工作要求。

（2）能够正确实施交车过程中的工作流程。

（3）知道 SA 在交车步骤中的必备技能。

（4）知道 SA 在生产步骤中的必备知识。

（5）具有良好的沟通能力。

学习信息

一、SA 在交车作业中的工作要求

交车技能直接关系到 SA 服务能力的高低。SA 要做好交车工作，涉及如何处理完成交车作业、如何处理好顾客异议以及相关业务等，因此，从事交车这一环节的工作要求是：

（1）顾客返回时给予问候。

（2）展示旧件或指出修理的部位。

（3）解释零件及维修工时的费用。

（4）确认顾客喜欢的回访方式。

（5）确认车辆可以交付并归还顾客的物品。

（6）开具发票并陪同付款。

（7）感谢顾客并送顾客离开。

二、交车过程中的工作流程

1.解释保养（一般维修）工作结果

（1）交车前准备，检查维修工单。

（2）解释保养（一般维修）工作项目及费用。解释工作的目的在于确认工作质量物有所值，其主要解释的内容包括有更换的零件、做了哪些工作、为什么更换零件及更换零件对顾客带来的好处、后续的维修建议等。解释说明的详细程度取决于工作内容，具体流程包括：

①解释保养（一般维修）工作结果，下次保养（维修）提示，并提供建议。

②开具结算单并解释费用。结算单如图 2-8 所示。

③记录解释结果。

结算结果报告

结算日　2014/09/13
　　　　11:13:33

客户签字	接待员签字

订单No.
接待员　　　×××
车牌号　　　渝A·BD×××
VIN No.　　 LFMARE2CXA0247717
车　型　　　ZRE152L-GEPEKC
接车日　　　2014/09/13
外观色　　　　　　　　　　　内饰色
支付方　　　××
电话1
电话2

重庆××丰田汽车服务有限公司	
邮编	4000××
地址	重庆市×××××路×××号
电话	023-××××××××
FAX	（023）××××××××

合计金额	结算金额	预付款	折扣额
72.00	0.00	0.00	72.00

维修种类　　　定期保养　　　　　　　行驶公里　15 006 km
下次入库预定　2014/12/13（20 000公里）
建议　　　　　下次2万公里保养
顾客要求：　　自带零件

维修明细				
维修代码	维修名称	维修种类	作业班组	维修费
151011	机油滤清器:机油滤清器总成拆装/更换	定期保养		72.00
折扣后维修金额合计	0.00		折扣前维修金额合计	72.00

零件明细					
零件代码	零件名称(*为替代零件)	B/O	数量	维修种类	售价
	折扣后零件金额合计			折扣前零件金额合计	

图 2-8　结算单

2.交车

（1）归还顾客物品。

①确认顾客付款。

②归还顾客物品。

（2）确认回访日期和时间,询问并记录顾客方便的回访时间、联系方式。回访应在服务后三天内进行。

（3）交车。

①陪同顾客到汽车旁边。

②引导顾客进行环车检查并交车。确认车辆在维修企业期间未受到损失,确认本次服务的顾客满意程度。

③当着顾客的面取下三件套。

④记录交车结果及员工姓名。

（4）保存维修工单,将维修工单归档。

3.顾客付款过程

（1）引领顾客前往收银台。

（2）收款。

①付款。

②开具发票。

③给发票盖章。

（3）送顾客离开。

三、SA 在交车步骤中的必备技能

1.沟通技巧

（1）倾听,主动积极地听取顾客的实际需求和顾虑,能体会顾客的感受。

（2）复述,准确复述顾客提出的要求。

（3）提问,能够通过提问来获得更准确的信息。

（4）填写,在维修工单上填写顾客的原话。

（5）解释,可以给予顾客易于理解的解释并提出服务建议。

（6）说明,能够清楚地通过电话进行表达,并使用良好的电话礼仪。

2.可视化管理工具的使用

（1）工单移动，在正确的时间对工单、零件订购单、质量检查单等进行移动。

（2）异常情况识别，能够发现滞后和延迟的工作。

（3）停滞工作管理，能够对停滞的工作作出快速的反应。

3.车间工作计划

（1）技师技能控制，能够根据技师的技能水平来安排工作任务。

（2）工作派遣，能够根据不同工作类型所需技能和时间以及承诺的交车时间将工作分派给合适的技师。

（3）平准化，能够制订日常工作计划以减少超负荷现象。

（4）计划调整，当各种条件发生改变时，能够对工作计划重新调整。

4.维修工单的填写

（1）准确填写工单，能够根据顾客要求准确地填写维修工单。

（2）可用零件核查，能快速查找是否有可用零件。

5.保修处理

（1）判断，能判断该项工作/零件是否在保修范围内。

（2）保修说明，能向顾客正确解释保修范围和好处。

（3）共享保修信息，能在工单或其他信息共享的文件上清楚显示保修。

（4）保修零件处理，能给厂家对保修更换的零件进行标签和储存。

6.环车检查

（1）确定附加项目，在环车检查过程中能确定需求注意的额外区域。

（2）外部钣喷检查，能对车辆判定车身或漆面损伤。

（3）销售，在顾客需求和车辆情况基础上推荐产品。

四、SA 在生产步骤中的必备知识

（1）服务单。

（2）保养间隔。

（3）保修政策。

（4）维修工单标准。

（5）环车检查程序。

（6）车辆清洁程序。

（7）价格。

（8）质量检验单。

五、实训工单

<table>
<tr><td colspan="4" align="center">项目二　实训工单 5　交车工作流程</td></tr>
<tr><td>学院</td><td></td><td>专业</td><td></td></tr>
<tr><td>姓名</td><td></td><td>学号</td><td></td></tr>
<tr><td colspan="4" align="center">一、接收工作任务</td></tr>
<tr><td colspan="4">　　客户李先生参观完 4S 店并在客户休息区休息了一会后,车间主管通过服务顾问王丽丽,李先生的车辆已经完成保养作业,并已洗完车。王丽丽前陪同李先生前去完成了交车前的确认工作,现在准备交车。</td></tr>
<tr><td colspan="4" align="center">二、信息收集</td></tr>
<tr><td colspan="4">　　1.判断下面的说法,请在成立的答案后面的"□"打上"√",不成立的答案后面的"□"打上"×"。
　　(1)更换下的旧零件不需要展示给顾客,因为顾客一般都不需要。□
　　(2)顾客付款时,不需要 SA 陪同前往收银台。□
　　(3)在修理完成时,取下三件套。□
　　(4)交车时要记录顾客方便接受回访的方式和时间段。□
　　(5)交车前一定要陪同顾客进行环车检查,确认修理的结果。□
　　2.服务顾问解释维护项目和费用时,需抓住哪些要点,以便客户对维护效果予以确认?

　　3.交车遇到客户抱怨时应该把握哪些注意点?

</td></tr>
<tr><td colspan="4" align="center">三、制订计划</td></tr>
<tr><td colspan="4">　　服务顾问小王与客户李先生完成交车前的确认工作后,准备交车,根据交车要点,制订交车计划。

</td></tr>
<tr><td colspan="4" align="center">四、计划实施</td></tr>
<tr><td colspan="4">　　1.服务顾问与车间主任一起和顾客完成车辆检查工作后,客户李先生希望服务顾问能清楚地解释费用组成,协助自己结算费用、开具发票要迅速、项目详细、数目准确、价格透明,并提供适当的优惠。
　　请填写结算单,并根据客户的期望,设计服务顾问与李先生的交流话术。</td></tr>
</table>

续表

结算结果报告

结算日　2014/09/13
11:13:33

客户签字	接待员签字

订单No.
接待员　　　×××
车牌号　　　渝A·BD×××
VIN No.　　LFMARE2CXA0247717
车　型　　　ZRE152L-GEPEKC
接车日　　　2014/09/13
外观色　　　　　　　　　内饰色
支付方　　　××
电话1
电话2

重庆××丰田汽车服务有限公司	
邮编	4000××
地址	重庆市×××××路×××号
电话	023-××××××××
FAX	（023）××××××××

合计金额	结算金额	预付款	折扣额
72.00	0.00	0.00	72.00

维修种类　　定期保养　　　　　　行驶公里　15 006 km
下次入库预定　2014/12/13（20 000公里）
建议　　　　下次2万公里保养
顾客要求：　自带零件

维 修 明 细				
维修代码	维修名称	维修种类	作业班组	维修费
151011	机油滤清器:机油滤清器总成拆装/更换	定期保养		72.00
折扣后维修金额合计	0.00		折扣前维修金额合计	72.00

零 件 明 细					
零件代码	零件名称(*为替代零件)	B/O	数量	维修种类	售价
折扣后零件金额合计			折扣前零件金额合计		

2.若客户强调平时接听电话不方便,要求不要打电话回访,应如何确认其他回访方式?

3.服务顾问在展示旧件时,应注意哪些问题?

续表

五、质量检查

实训指导教师检查作业结果,并针对实训过程出现的问题提出改进措施及建议。

序号	评价标准	评价结果
1	掌握交车要点	
2	能够解释维护保养费用组成并填写交车结算单,完成结算	
3	能够确认顾客喜欢的回访方式	
4	掌握一定的沟通能力	

六、评价反馈

根据自己在本次任务中的实际表现进行评价。

序号	评价标准	评价分值	得分
1	能够解释维护保养费用组成	20	
2	能正确填写交车结算	20	
3	能规范的完成交车	20	
4	具有良好的沟通方式和沟通技巧	20	
5	能艺术的处理客户抱怨	20	
6	合计(总分100分)		

任务 2.6 实施维修后跟踪服务流程

学习目的

(1)知道 SA 在维修后跟踪服务中的工作要求。

(2)能够正确实施维修后跟踪服务过程中的工作流程。

(3)知道 SA 在维修后跟踪服务步骤中的必备技能。

(4)知道 SA 在维修后跟踪服务步骤中的必备知识。

(5)掌握人际交流,客户关系维护能力。

学习信息

一、SA 在维修后跟踪服务中的工作要求

汽车维修后跟踪服务是目前行业中普遍推行的接待流程环节之一,通常来说,就是维修企业在规定的时间段内由客户服务部门对于已经接受并完成维修服务的客户进行联系和沟通,以获取相关信息的过程。维修后跟踪服务对于企业客户满意度的提升有着重要意义,体现在有助于完善企业内部管理;有助于降低客户资源流失;有助于情感维系,增加客户满意度与忠诚度;有助于了解客户的需求,优化维修接待流程。在维修后跟踪服务中,一般对 SA 有以下工作要求:

(1)公司管理层制定维修后跟踪服务的相关政策。

(2)在 72 小时内联系顾客。

(3)通过电话或电子邮件回访,或用邮寄的方式回访无法联系到的顾客。

(4)记录顾客的反馈。

(5)对顾客的要求及不满意的顾客进行持续跟进。

二、维修后跟踪服务过程中的工作流程

维修后跟踪服务的目标工单被放置在维修后跟踪服务柜，在联系顾客之前必须确认工作详细资料、保养（一般维修）或额外工作建议、顾客联系信息和喜欢的联系方式及时间。

1.维修后跟踪服务

确认工单，确认在交车时留下的有关跟踪服务的详细信息。

2.表示感谢

（1）向顾客致谢。

（2）确认车辆使用情况并提醒下次入厂时间。

（3）确认顾客详细资料。

（4）确认并记录顾客的满意程度。

（5）记录维修后跟踪结果及跟踪人员姓名。

3.跟踪时异常情况处理

（1）联系不到顾客。如果无法通过电话联系到顾客，在第二天再次拨打电话，或者发送一份维修后跟踪服务感谢邮件到顾客的地址。还有就是发送电子邮件或短信。

（2）多次跟踪。如果有必要进行两次或两次以上的跟踪，在维修工单上注明预计的跟踪日期。

4.维修后跟踪详细操作步骤

如表2-6所示。

表2-6　维修后跟踪服务操作步骤

行动（步骤）	详细资料
1.准备	顾客的维修工单及履历
2.确认	电话中的人是要找的人
3.询问	是否方便接听电话
4.解释	打电话的目的（确认满意度）
5.倾听	顾客的评价和问题
6.感谢	顾客的时间和反馈

三、SA 在维修后跟踪服务步骤中的必备技能

1.沟通技巧

（1）倾听，主动积极地听取顾客的实际需求和顾虑，能体会顾客的感受。

（2）复述，准确复述顾客提出的要求。

（3）提问，能够通过提问来获得更准确的信息。

（4）填写，在维修工单上填写顾客的原话。

（5）解释，可以给予顾客易于理解的解释并提出服务建议。

（6）说明，能够清楚地通过电话进行表达，并使用良好的电话礼仪。

2.维修工单的填写

（1）准确填写工单，能够根据顾客要求准确地填写维修工单。

（2）可用零件核查，能快速查找是否有可用零件。

四、SA 在维修后跟踪服务步骤中的必备知识

（1）保修政策。

（2）维修工单标准。

（3）投诉应对政策。

（4）维修后跟踪服务程序。

五、实训工单

项目二　实训工单 6　维修后跟踪服务			
学院		专业	
姓名		学号	

一、接收工作任务

客户李先生昨天来店修车。服务顾问王丽丽开展维修后跟踪服务。

二、信息收集

1.判断下面的说法,请在成立的答案后面的"□"打上"√",不成立的答案后面的"□"打上"×"。

（1）维修后的跟踪服务由专人负责,SA 不是必须参与。□

（2）维修后的跟踪服务在维修完成一个月以内进行都是可以的。□

（3）维修后的跟踪服务可以了解到顾客不愿当面告诉我们的不满意见,便于我们提高服务质量。□

（4）SA 不必对联系不到的顾客负责。□

（5）多次跟踪的顾客,需做好每次跟踪的记录。□

2.客户是什么?

3.怎么理解顾客终身价值?

4.顾客调查的目的及方法。

5.让客户非常满意的技巧有哪些?

6.查阅资料,分析顾客满意度构成的要素。

三、制订计划

客户李先生昨天来店修车。服务顾问王丽丽开展维修后跟踪服务。请制订维修后服务计划。

续表

四、计划实施
在老师的带领下,模拟对前面交车后李先生的跟踪回访,并记录要点。

五、质量检查

实训指导教师检查作业结果,并针对实训过程出现的问题提出改进措施及建议。

序号	评价标准	评价结果
1	做好回访准备	
2	联系客户,阐明来意	
3	确认车辆使用情况并提醒下次入厂时间	
4	确认并记录顾客的满意程度	
5	掌握一定的沟通能力,维护客户关系的能力	

六、评价反馈

根据自己在本次任务中的实际表现进行评价。

序号	评价标准	评价分值	得分
1	能够做好充分的回访准备	20	
2	掌握电话礼仪	20	
3	能规范地联系客户,阐明来意,做客户关怀	20	
4	能准确地取得客户满意度	20	
5	具有良好的沟通方式和沟通技巧,能良好地维护客户关系	20	
6	合计(总分100分)		

学生学习目标检查表

你是否在教师的帮助下成功地完成单元学习目标所设计的学习活动？	
	肯定回答
专业能力	
知道丰田汽车公司"六步法"接待流程的具体内容。	
知道 SA 在每个步骤的必备技能和知识。	
正确实施"六步法"工作流程。	
知道丰田汽车公司"六步法"接待流程的具体内容。	
关键能力	
你是否根据已有的学习步骤、标准完成资料的收集、分析、组织？	
你是否能标准、有效和正确地进行交流？	
你是否按计划有组织地活动？ 是否沿着学习目标努力？	
你是否尽量利用学习资源完成学习目标？	
个人素养	
具有爱岗敬业的职业道德和严谨务实的工作作风	
具备人际交流,客户关系维护能力	
具有团队目标实现的大局意识和团队能力	
树立诚信、友善的价值观	
完成情况 　　所有上述表格必须是肯定回答。如果不是,应咨询教师是否需要增加学习活动,以达到要求的技能。	

教师签字：＿＿＿＿＿＿＿＿＿＿＿

学生签字：＿＿＿＿＿＿＿＿＿＿＿

完成时间和日期：＿＿＿＿＿＿＿＿

项目三

运用顾客关怀技巧

项目学习目标

通过本项目的学习,能在正确实施汽车维修接待工作流程的基础上,有面对相对复杂的问题的解决能力。其具体表现为:

1.专业技能

(1)运用客户关怀技巧。

(2)正确处理客户的异议、投诉和抱怨。

(3)正确实施汽车紧急救援的工作流程。

(4)正确实施事故车辆的维修接待流程。

2.素质养成

(1)树立客户至上的服务意识。

(2)具备标准得体的商务服务礼仪。

(3)具备爱岗敬业、实事求是、精益求精的职业精神。

(4)具备诚信友善的人格魅力。

项目学习资源

有关汽车维修企业的资料,可查询文字或电子文档如下:

(1)各汽车4S店的网页。

(2)有关汽车维修行业的法律与法规。

（3）各种关于汽车维修顾客投诉的新闻事件。

可提供学习的环境和使用的设备

（1）汽车4S店售后服务部工作环境。

（2）汽车维修企业各岗位职责。

（3）有关汽车维修接待的网络视频资源。

（4）安全的工作环境和工作场所。

项目学习任务

任务3.1　运用顾客关怀技巧

任务3.2　处理顾客异议

任务3.3　处理客户抱怨

任务3.4　处理客户投诉事件

任务3.5　实施紧急救援

任务3.6　实施事故车辆的维修接待流程

学生学习目标检查表

任务 3.1　运用顾客关怀技巧

学习目的

（1）认识顾客关怀的含义。

（2）了解顾客关怀的 4 个支柱。

（3）培养客户至上的服务意识。

（4）培养标准得体的商务服务礼仪。

（5）具备诚信友善的人格魅力。

（6）树立爱岗敬业、精益求精的职业精神。

学习信息

一、顾客关怀的含义

顾客关怀是由英国人克拉特巴克教授提出："顾客关怀是服务质量标准化的一种基本方式，它涵盖了公司经营的各个方面，从产品或服务设计到它如何包装、交付和服务。"它强调对于从设计和生产一直到交付和服务支持的交换过程每一元素关注的重要性。事实上，在讨论后勤和营销过程时，克里斯托弗论述道：技巧在于以某种方式管理营销和后勤这双臂膀，以图在追求成本优势的同时通过顾客服务来最大化增值。正如彼得斯和奥斯汀所说，顾客关怀本质上"归结起来是为顾客所感知到、体会到和以一致方式交付的服务和质量"。

专业的顾客关怀的目标是符合"顾客第一"理念的全面的顾客满意，需要通过发现顾客的需求和期望，并提供最好的服务来实现。顾客关怀也是一种与他人沟通交流的能力，可以具体体现在问候和迎接顾客，展示亲切和礼貌，倾听、提问和给予顾客建议，尊重别人的感受等地方。

二、顾客关怀的4个支柱

1.顾客满意四行动

(1)宣传。宣传汽车维修企业的服务,零配件的优良品质。当和顾客交谈时,鼓励顾客进行预约,告知顾客接受企业服务的好处。

(2)建议。欢迎顾客,倾听顾客的要求和需要,确定顾客真正需要什么,然后根据车辆情况给予顾客最节省费用的建议。

(3)建立信任。确立友善互信的关系意味着在 SA 与顾客之间创立了一种互相理解与信任的关系。

(4)满意。SA 工作的目标是超越客户期望。一次性修复,向客户进行清晰的工作说明,然后通过追踪回访确认顾客对于维修服务完全满意。

2.顾客的4个主要期望

每次顾客来维修汽车时总会带着这样那样的期望,归结起来大致分为4个主要的期望,如表3-1所示。

表 3-1　顾客的 4 个主要期望

1	个性化服务	问候和认同顾客
		使用礼貌和亲切的交流方式
		提供准确的维修建议
2	诚实	告知顾客车辆所需要的服务项目,以及解释如何进行
		告知顾客相关项目价格(维修/保养价目表)
		告知顾客维修服务所需的全部费用
3	物有所值	确保保养价格合理性
		确保工作质量
		符合相关企业保养和维修的工作标准,维修完毕时,通知顾客
4	便利性	在顾客方便的时间提供保养服务
		给予有益于顾客车辆使用的服务和产品建议

3.形象和态度

在形象上,SA 必须符合商务礼仪的基本要求,必须着装整洁,佩戴名牌或胸牌,可以使顾客一眼就能辨认出服务顾问。

在态度上,注重和善和礼貌,比如欢迎和感谢顾客的到来,自我介绍使得顾客关怀更加贴心和人性化,礼貌地称呼顾客的姓名。运用肢体语言时,要习惯自然地使用微笑、点头、挥手等表达方式。

4.沟通技巧

为了能提供优良的顾客服务,有效的沟通技巧一定要和良好的形象和态度相结合。总体来说,沟通分为感性的和逻辑性的,如表 3-2 所示。

表 3-2　沟通的分类

类　别	技　能	标准通用	投诉发生时的标准	目　的
感性的	倾听	仔细倾听顾客的需求和顾虑	确认,重复和总结顾客所说的 使用积极肯定的语言	了解顾客的感受
	回应	准确地重复顾客的原话	表示认同 平息怒火	
	非语言交流	时而的微笑 目光交流 身体倾向顾客	时而的微笑 目光交流 身体倾向顾客	
逻辑性的	提问	确认信息	确认信息	用简单易懂的方式确认和回应顾客的需求
	书写	当倾听、反馈和提问时,做记录	当倾听、反馈和提问时,做记录	
	解释	解释什么项目是需要做的 解释这么做的好处	努力找出解决方法 提供选择给顾客	

（1）倾听,仔细倾听顾客的需求和顾虑,使用耳朵进行倾听。

（2）回应,回应是重复顾客的原话,以确认 SA 理解的准确性和展示 SA 已经听到了顾客所说。比如,"让我确认一下您的意思是不是……"

（3）非语言交流,在倾听过程中偶尔的微笑可使 SA 和顾客得到放松,与顾客保持眼神交流,身体微微倾向顾客。据统计,在人与人的交流过程中,语言交流只占 7%,而非语言交流占到93%,而非语言交流中,使用眼睛的交流又要多于使用耳朵的交流活动。

（4）提问,提问和倾听技巧是相辅相成的,所有接触顾客的员工都必须理解和使用提问来得到准确的信息,从而达到顾客的期望。提问一般有 4 种类型:

①开放式。开放式问题是为了得到更多信息,比如"告诉我这个问题是什么时候发生的?""您希望我们如何解决这个问题呢?"

②封闭式。封闭式问题是为了确认对方是否同意和理解,比如"如果帮您免费洗车,您同意吗?""您明天早上能把车开过来让我们为您检查吗?"

③探究式。探究式问题是为了得到更详细准确的信息,比如"当您打开空调时听到的是哪种噪声?"

④引导式。引导式问题是为了引导顾客作出重要的决定,比如"为了避免车身腐蚀,我们能为您把左前门的划痕进行喷漆处理吗?"

（5）书写,在工单上准确地展示顾客的需求,准确地完成计划板、工单、估算单和结算单。维修工单或顾客零件订购单等单据是顾客与汽车维修企业之间书面的具有法律效力的合同。维修工单给技师提供了书面的,写有顾客原话和授权及服务顾问建议的维修说明。

（6）解释,清楚地向顾客解释需要做的项目,以及所做项目的好处,避免使用专业术语和冗长的解释。解释过程中着重强调什么项目是必须的和为什么是必须的,做这些项目的好处、费用、工时和交车的时间,因为这些都是顾客非常想知道的内容。

三、实训工单

<table>
<tr><td colspan="4" align="center">项目三　实训工单 1　客户关怀</td></tr>
<tr><td>学院</td><td></td><td>专业</td><td></td></tr>
<tr><td>姓名</td><td></td><td>学号</td><td></td></tr>
<tr><td colspan="4" align="center">一、接收工作任务</td></tr>
<tr><td colspan="4">　　昨天王先生来某汽车 4S 店取走了维修好的汽车。按照公司惯例,汽车服务顾问王丽丽在客户完成维修服务后的第二天上午将对客户进行电话回访,开展客户关怀。</td></tr>
<tr><td colspan="4" align="center">二、信息收集</td></tr>
<tr><td colspan="4">

　　1.判断下面的说法,请在成立的答案后面的"□"打上"√",不成立的答案后面的"□"打上"×"。

　　(1)专业的顾客关怀的目标是符合"顾客第一"理念的全面的顾客满意,需要通过发现顾客的需求和期望,并提供最好的服务来实现。□

　　(2)在形象上,SA 必须符合商务礼仪的基本要求,必须着装整洁,佩戴名牌或胸牌,可以使顾客一眼就能辨认出服务顾问。□

　　(3)所有接触顾客的员工都必须理解和使用提问来得到准确的信息,从而达到顾客的期望。□

　　(4)"当您打开空调时听到的是哪种噪声?"这个提问属于开放式问题。□

　　(5)顾客期望不高时,SA 能轻松地使顾客满意。□

　　2.查阅资料,在进行维修后跟踪回访时要注意哪些注意点?

　　3.查阅资料,当回访时联系不到客户时处理办法有哪些?

　　4.汽车维修的顾客有哪些主要期望,如何达到和超越顾客的期望?

</td></tr>
</table>

5.除了服务回访,我们还可以做哪些客户关怀?

三、制订计划

根据所学知识,制订服务顾问在进行客户回访开展顾客关怀工作时的工作计划。

序号	工作流程	操作要点
1	回访准备	
2	开展客户关怀	
3	后续工作	

四、计划实施

针对以下情境,按照服务规范要求进行训练。

情景:服务专员在客户完成维修服务后的第二天上午对客户进行了电话回访,客户未接听,下午继续进行电话回访,客户接听了电话。对顾客开展顾客关怀。

五、质量检查

实训指导教师检查作业结果,并针对实训过程出现的问题提出改进措施及建议。

序号	评价标准	评价结果
1	前期做好回访准备	
2	仪容仪表合乎规范,佩戴工作牌	
3	有合乎规范的电话礼仪。表情到位,能用标准的礼仪用语问候、自我介绍、说明来意	
4	能正确开展电话回访进行客户关怀	
5	能礼貌得体地结束对话	
6	能让客户感受到关怀和温暖	

续表

	六、评价反馈		
根据自己在本次任务中的实际表现进行评价。			
序号	评价标准	评价分值	得分
1	认同客户关怀的重要性	10	
2	物料准备充分,调整个人情绪和仪容仪表仪态到最佳状态	20	
3	能根据实际情况灵活调整,持续推进工作	10	
4	能用规范的电话礼仪开展初期介绍	20	
5	能规范进行客户关怀,让顾客感受到温暖	30	
6	能礼貌得体地结束对话	10	
7	合计(总分100分)		

任务 3.2　处理顾客异议

学习目的

（1）认识客户异议的含义。

（2）能够正确处理不同类型的客户异议。

（3）正确处理价格异议。

（4）知道并学会常见处理客户异议的其他技巧。

（5）保持标准得体的商务服务礼仪。

（6）保持爱岗敬业、实事求是、精益求精的职业精神。

（7）本着客户至上的服务理念，耐心专业地处理客户异议。

学习信息

一、客户异议的含义

在维修接待的交车作业过程中，由于种种原因，多数客户都会表现出一定的抵触情绪，这种抵触情绪就是客户异议。并不是所有的异议都代表客户对服务的抱怨，很多情况下产生客户异议才是维修接待进行服务产品销售的开始。与实体产品的销售不同，汽车服务产品的销售更注重老客户的频次消费，维修接待可以通过采取积极的方式，妥善地解答客户的疑难，改善客户对公司所提供服务的错误看法或分歧，使众多的新客户成为老客户，从而培养出公司稳定的客户群。

1.要正确地理解客户异议

SA 要妥善处理各种可能发生的异议，才能达成令双方满意的服务目标。

（1）客户异议是客户对服务产品和销售行为的必然反应。交车作业的目的不是为了收银，而是为了在服务的最终环节强化客户对企业提供服务的认同度,从而提高客户对企业服务的满意程度,达到客户继续消费公司服务的目的。在交车作业过程中,维修接待通过各种方式进行项目解释,主要目的在于有效地传递服务信息,刺激客户潜在的购买欲望,引发客户持续的购买行为。从这个意义上讲,客户异议本身也是销售洽谈的基本目的。正因为如此,我们应该欢迎而不应该害怕客户提出各种服务异议,只有当客户说出"不"字即产生服务异议时,服务产品的销售工作才算正式开始。

(2)客户异议的内容和形式多种多样。客户开发过程中,客户异议的内容比较多,既有真实异议,又有虚假异议;既有价格异议,还有维修质量异议、等待时间异议、维修接待人员异议、备件供应条件异议、服务态度异议等。就客户异议的形式看,既有口头异议,又有行为异议,还有表情异议等。在销售洽谈过程中,客户有时直接提出异议,有时间接提出异议;客户开口说话时异议,不说话也可能是异议。尽管客户异议是客户对维修接待及其提供服务的一种否定,但是,客户并不是在任何情况下都会说出"不"字。因此,维修接待必须善于观察和判断客户的言谈举止和动作表情,把握客户的心理状态,正确理解客户异议,及时有效地处理客户异议,否则就可能失去新的服务机会。

(3)产生客户异议的根源错综复杂。客户异议的根源既可能存在于客户的认知、情感、意志、个性和能力方面,也可能在于维修接待或公司产品本身。应该认真分析研究客户所提出的各种异议及其形成的主要原因,慎重对待这些异议,解决客户所提出的有关问题,才能不断改进客户服务水准,提高服务质量。

(4)客户异议既是成交的障碍,也是成交的信号。异议具有不利于服务介绍、构成销洽谈的直接障碍、导致抱怨、甚至使服务中断成为单次消费的一面。当客户提出异议时,维修接待必须有效地处理这些异议,才能达成交易。但是,客户异议在作为成交障碍的同时,也具有构成成交信号的一面,"嫌货才是卖货人"正是这个道理。正确对待和妥善处理各类客户异议是成交的基本前提。

(5)客户异议是客户对产品产生兴趣的标志。客户异议绝非对购买不感兴趣,而是出于疑虑。只有客户对产品发生兴趣时,才能从正反两方面来考虑,权衡得失,发表个人见解。因此,如此因势利导,消除这种疑虑,这是客户开发工作的开端,也是诱发客户购买行为的动力。

（6）客户异议是企业信息的源泉之一。客户通过提出异议直接向维修接待提供了更有价值的信息,这就帮助维修接待在前期准备收集的信息资料基础上,进一步掌握有关利于服务有效开展的信息。维修接待可以从各种异议中获得3类信息:确认进一步劝导客户选择服务达致满意的最好时机;了解客户的新服务需求;发现企业服务及工作流程中存在的问题。对第一类信息,关键在于因势利导,切莫由于服务不到位而导致客户对服务提供的不满;对第二类信息,反馈到企业,从而增加企业对客户心理的把握,为客户提供更多的服务品种,满足客户新需求;对第三类信息,特别要重视客户的反对意见,切实加以改进。可见,客户异议的提出及处理过程乃是一种双向信息沟通的过程。

（7）真诚提出异议的客户最可能成为潜在的忠诚客户。喜欢挑剔的客户多半是希望得到更多服务的。客户为什么要挑三拣四？为什么要发牢骚？许多维修接待在遭到客户的抱怨之后,往往就打折了事,转向其他的客户。"褒贬是买主,喝彩是闲人。"这些古谚对分析客户异议很有启发,老练的维修接待都有这样的体会。但在了解了客户常见的抱怨方式之后,销售人员会发现,其实在很多情况下,客户的拒绝是可以挽回的,而挽回的客户也比其他客户更容易成为忠诚客户。

2.客户异议的类型

总体而言,客户异议的根源在客户与企业两个方面:由于客户的立场、个性、习惯、经验及知识面的宽窄等都可能导致异议的产生。对此,销售中只能采取各种说服、示范技巧,使客户提高认识,扩大知识面,改变客户对服务的看法和评价。在企业方面,服务质量、档次、维修技术、价格及服务人员的某些行为、礼仪及促销策略的运用等方面是否存在问题,都与客户异议有关。就维修服务而言,并不是所有的异议都代表客户对企业服务的不满。可以根据异议产生的原因不同,大致把汽车服务过程分为以下4类。

（1）一般性疑问。这一类疑问源于客户对汽车产品及企业所提供服务的不了解,出现这种现象是正常的,客户提出疑问,反映了客户对产品的关注程度。尤其在交车作业的环节,客户出于对汽车及维修服务的关注,希望能够对有关汽车维修的各种服务有所了解,会提出很多有关汽车服务方面的问题,这种异议的产生通常源于以下两个原因：

①在整个接待过程中，由于维修接待自身经验不足，在车辆维修过程中对服务的针对性不强，导致客户对有些服务细节了解不足，从而产生异议。

②由于客户本身汽车维修及使用方面的知识不足，希望通过询问了解汽车使用及维护方面的知识。

（2）非真实性异议。有时候客户提出异议，并不是由于企业提供的服务有问题，而是由于其他方面的原因，这种异议就属于非真实性异议。其他的异议通常需要维修接待去解释，但非真实性异议一般不要正面去解决它。非真实性异议的产生，通常是源于以下 3 个方面：

①有些客户由于当时的心情不好，正处于负面情绪之中，他们对服务提出异议只是因为个人情绪所致。这种异议多出现在表现型人格的客户之中。

②有些客户为了表现自己的专家形象，也会对服务和维修接待的项目沟通提出或对或错的看法，以此来展示他们的专家形象。这种情况多出现在威权交际风格的客户上。

③有些客户实际上已经认同企业所提供的服务，但为了能够享受企业的服务折扣，会故意提出一些异议。这种情况多出现在分析型风格的客户身上。

（3）价格异议。在服务过程中，无论客户满意还是不满意，客户都希望在价格方面得到优惠，因此，维修接待对客户在价格方面提出的异议，同样需要专门的技巧。

（4）由于服务失误导致的客户抱怨。交车作业也可以说是客户对企业服务进行总体评价的环节。由于车辆维修服务涉及的服务环节比较多，因此，在整个服务过程中很多时候都会出现这样或那样的服务失误，客户就会对这些失误产生抱怨。有些客户的抱怨行为会直接表现出来，对维修接待提出抱怨；而多数客户则可能保持沉默。

二、正确处理不同类型的客户异议

1.处理客户异议的原则

汽车服务的过程就是维修接待处理与客户之间异议的过程，应把握下面 5 项原则：

（1）事前做好准备的原则：维修接待在向客户交车之前要预计客户可能提出的各种异议，并做好充分准备，当客户提出时才能从容应付。

（2）保持冷静，避免争论的原则：争论不是解决问题的最好方法，尤其是在交车过程中，争论往往会使客户产生更大的不满，导致客户对服务的整体不满，造成客户流失。

（3）留有余地的原则：无论客户提出异议是对是错，维修接待都要注意为客户留有余地，维护客户的自尊心。

（4）以诚相待的原则：汽车销售的目的在于和客户建立长期的关系，因此销售人员要以诚相待，才能获得客户的持久信任。

（5）及时处理的原则：对提出的异议要及时进行处理，从而防止矛盾积聚和升级。

2.一般性疑问的处理方法

如果维修接待在客户解释维修项目时，客户更多的关注是为什么会出现此类故障，或者询问如何对车辆进行很好的维护以及维修作业流程是怎样的等问题时，维修接待就可以判断客户是由于对汽车维护及作业流程不熟悉导致的疑问。

此类疑问的处理有赖于维修接待业务能力及熟练度的提高。维修接待须通过熟悉业务流程，提高对企业所能提供各种服务的认知水平，同时，注意客户的交际风格，热情服务，基本上可以使客户满意。

3.不同类型非真实性意见的处理方法

如果维修接待在向客户解释项目的时候，客户有意吹毛求疵，维修接待就可以大致判断客户的异议属于非真实性异议。此类异议可分为3种情况来区别处理：

（1）判断客户是由于自身的情绪问题。这种情况多出现在送车服务或表现型人际风格的客户之中。对于由于客户情绪导致的处理方法有以下两种。

①冷却法。是指当这种情况发生时，维修接待尽量少说话，让对方的情绪平静下来。在客户情绪不好的时候，解释很难被接收，都不会受到重视，只会加强其厌烦情绪，要想不与其争辩，可以使用以下技巧：

a.保持沉默，但要微笑。

b.可以转身去做一件小事，消除剑拔弩张的紧张气氛，比如咳嗽一下。

c.表示某种歉意,打消客户想争论某一问题的兴趣。

d.让客户稍等一下,装作有急事要处理,比如你可借故去厕所等。

e.可改善一下说话的气氛,如递给客户一支烟,给客户倒杯水,送客户小礼品等。

②隔离法。是指不要对客户的反对意见作任何回答,将谈话引到比较轻松的话题。譬如,当客户发牢骚的时候,可以邀请客户去看车,从而转移客户的话题。

(2)判断客户是为了表现自己的专业水准。这种情况一般多出现在威权型人际风格的客户身上,譬如,当维修接待向客户进行项目解释的时候,客户会说出自己对维修原因的判断,而对维修接待的专业解释却表现出我知道或不耐烦的情绪。这时维修接待要注意不要去评论客户的对与错,适当的认同更有利于交易的顺利进行。通常可以采取的方法有赞美法和回避法。

①赞美不是奉承,赞美法是指无论客户对专业性问题的解释多么苛刻和初级,维修接待都要找到其闪光之处,报以微笑和赞赏,并认可其所提问题的重要性,然后继续解释。

②回避法。是指当客户提出的问题很幼稚甚至是错误的时候,不要拼命地解释和辩解,争论的胜利往往导致失败。譬如,当维修接待提醒客户按期保养时,有些客户却不当回事,说保养不过是服务站招揽客户的一种手段而已,即便是不按时保养也没什么大问题之类的话。这时,维修接待对客户这一说法就需要回避,而没有必要去和客户争论保养是否有必要。

(3)判断客户是为了获得价格或其他方面的优惠。这类反对意见的特征一般是客户不断地查看交车明细单,同时又不断地提意见;或者前期的沟通都非常融洽,但在交车作业时又提出很多异议。维修接待要注意权衡公司与客户两方面的利益,保持原则,因为公平的交易才是最重要的。在处理的过程中要注意,首先要显示出你的努力和诚实,告诉客户你很愿意为他服务,并用适当的建议为对方提供台阶或让步,来完成交车作业。

三、正确处理价格异议

在服务过程中,价格问题是企业与客户之间十分敏感的问题之一。在实际工作中,关于价格问题的异议,很多时候与服务质量并没有太大的关系。无论前期的服务如何到位,在涉及价格问题时,客户总希望能够获得优惠,尤其在中低档车的消费群体中,表现得尤为明显。当客户与维修接待之间出现价格异议时,可以运用以下的原则和方法来处理双方异议,以达到双赢的目的。

1.价格异议产生的原因

价格问题是维修接待在交车作业的时候最容易遇到的问题之一,产生价格异议的原因主要有以下 6 个方面:

(1)客户经济状况、支付能力等方面的原因。

(2)仅仅出自客户的习惯。

(3)客户对服务提供或代用品服务提供之间的价格比较。

(4)客户不了解公司的服务产品。客户习惯了到综合性的维修企业去修车,对品牌全方位服务提供的整体情况不了解,只知道现在修车要比过去贵得多。

(5)客户除了在 A 公司选择维修服务外,还在 B 公司体验服务,因此他希望把服务的价格压下去,将此作为和另一方讨价还价的筹码。

(6)客户的其他动机。由于客户对产品价格最为敏感,且产品价格与客户的利益有直接关系,故在产生购买欲望之后,客户首先会对价格提出异议,因而价格异议也是最常见、最容易提出的客户异议。

2.处理客户价格异议的原则

客户总是希望用最低廉的价格买到最优质的服务,显然这一点是很难达到的。维修接待要处理好客户的价格异议,要注意下列原则:

(1)如果客户为累计消费金额或来店次数达到一定限额的客户,可以推荐使用积分卡或会员卡,主动为客户提供折扣,以促使客户继续来店消费。

(2)如果维修接待服务过程中没有服务失误,而客户仍希望得到优惠,维修接待不可轻易答应客户的要求,可以考虑推荐客户成为会员或利用一定的技巧为客户做好解释工作。

(3)如果服务过程中没有服务失误,维修接待要真诚地向客户表示歉意,并根据企业有关服务失误的处理手段,采取道歉、解释、折让、提供补偿等手段来解决问题。

3.处理价格异议的技巧

无论客户对服务满意与否,客户在交车的最后环节,总会在价格上和维修接待进行讨价还价,维修接待可以选择的处理技巧如下:

(1)安全利益法。是指维修接待在向客户解释维修项目时首先向客户说明各个维修项目的必要性和危害性,向客户传达自己对客户安全的担心。客户对维修项目的必要性认识越深刻,讨价还价的可能性也就越低。

(2)价格分解法。价格分解法是指维修接待向客户解释维修项目时,逐项向客户介绍维修项目及价格。通过价格分解,让客户明白,每一项维修都是必要的,自己选择的维修服务项目实际上是客户选择范围内最划算的。

(3)总体计算法。总体计算法与价格分解法恰恰相反,该方法是维修接待向客户解释从满足某一需求的总体费用上着手。譬如,维修接待推荐客户定期地对车进行维护保养和检查,保证车的良好状态,延长车辆的使用寿命,从而降低车辆的整体使用成本。

(4)补偿法。如果企业的维修服务在价格方面与同行相比的确不具备优势,而且服务差异性也不大,那么就必须为价格劣势补偿其他的利益,如为客户提供免费的检修等服务项目。

(5)暗示提醒成交法。在向客户解释维修项目的时候,如果客户一开场就直截了当地询问价格,千万不要马上回答他们价格是多少。因为,这时候很多客户还不完全清楚维修服务的价值所在,对价值的评判还不全面,无法做到客观公正,此时如果马上回应客户有关价格的问题,他们往往会凭直觉判断价格太高。这是客户消费心理的必然表现,很多失败的交车作业问题就出在这个环节。此时,如果维修接待继续向客户介绍有关维修项目的内容,客户往往无法静下心来细听,因为他们心理上已经由于价格的因素产生了一种抗拒和排斥。这种情况比较容易发生在对维修服务费用情况还不了解的客户身上,除非他们已经多次来店维修并在心理上接受或认可了某品牌某车型的服务档次。这是刚进入汽车服务领域的销售人员最不容易处理的异议,需要特别注意。面对这样的情况,服务人员可以采用暗示提醒的办法,告诉客户:"你看这是交车明细单,我们维修的每一个项目都是经过您同意的,费用我也给您估算过。"也就是说在完成整个价值信息传递后再与客户讨论价格问题。

（6）送"台阶"法。如果维修接待没有明显的服务失误，而客户依然希望获得规定范围的折扣时，维修接待如果直接拒绝客户的请求，客户就会感到十分没有"面子"，很容易导致客户的不满。这时可以采用送"台阶"的方法来实现价格协商。当客户坚持要求折扣时，维修接待可以假意告诉客户请示上级主管，或赠送小礼品等手段，使客户感觉有台阶下，从而实现价格协商的目的。

四、常见处理客户异议的其他技巧

1.忽视法

所谓"忽视法"，顾名思义，就是当客户提出一些反对意见，并不是真的想要获得解决或讨论时，这些意见和眼前的交易扯不上直接的关系，只要面带笑容地同意客户就好了。

当维修接待和顾客聊天时，顾客一见到维修接待就抱怨说："为什么这次你们在宣传的时候说洗车随到随洗，而实际情况是每次都要排队等待很久？"碰到诸如此类的反对意见，不需要详细地告诉他为什么洗车还需要排队的理由，要做的只是面带笑容，同意客户就好。

对于一些"为反对而反对"或"只是想表现自己的看法高人一等"的客户意见，若是认真地处理，不但费时，尚有旁生枝节的可能。因此，只要让客户满足了表达的欲望，就可采用忽视法，迅速地引开话题。

忽视法常使用的方法有：
微笑点头，表示"同意"或表示"听了您的话"。
"您真幽默！"
"嗯！真是高见！"

2.补偿法

例如，潜在客户："这个皮包的设计、颜色都非常棒，令人耳目一新，可惜皮的品质不是顶好的。"销售人员："您真是好眼力，这个皮料的确不是最好的，若选用最好的皮料，价格恐怕要高出现在的五成以上。"

当客户提出的异议有事实依据时，应该承认并欣然接受，强力否认是不智的举动。但记得要给客户一些补偿，让他取得心理的平衡,也就是让他产生一种感觉:产品的价格与售价一致的感觉。

产品的优点对客户是重要的,产品没有的优点对客户而言是较不重要的。世界上没有十全十美的产品,当然要求产品的优点越多越好,但真正影响客户购买与否的关键点其实不多,补偿法能有效地弥补产品本身的弱点。

补偿法的运用范围非常广泛,效果也很有实际。例如,艾维士一句有名的广告:"我们是第二位,因此我们更努力!"这也是一种补偿法。客户嫌车身过短时,汽车的销售人员可以告诉客户"车身短能让您停车非常方便"。

3.太极法

例如,顾客:"贵企业把太多的钱花在做广告上,为什么不把钱省下来,给我们的修理费更多的折扣?"维修接待:"就是因为我们投下大量的广告费用,大量客户才会被吸引到我们4S店维修保养,实际上我们秉承薄利多销的原则,已经在修理费上进行了最大幅度的优惠处理。"

太极法取自太极拳中的借力使力。澳洲居民的回力棒就具有这种特性,用力投出后,会反弹回原地。

太极法用在销售上的基本做法是当客户提出某些不购买的异议时,销售人员能立刻回复说:"这正是我认为您要购买的理由!"也就是销售人员能立即将客户的反对意见,直接转换成为什么他必须购买的理由。

在日常生活中也经常碰到类似太极法的说辞。例如,主管劝酒时,你说不会喝,主管立刻回答说:"就是因为不会喝,才要多喝多练习。"你想邀请女朋友出去玩,女朋友推托心情不好,不想出去,可以说:"就是心情不好,所以才需要出去散散心!"这些异议处理的方式,都可归类于太极法。

太极法能处理的异议多半是客户通常并不十分坚持的异议,特别是客户的一些借口。太极法最大的目的,是让销售人员能借处理异议而迅速地陈述他能带给客户的利益,以引起客户的注意。

4.询问法

例如,客户:"我希望您价格再降百分之十!"维修接待:"我相信您一定希望我们给您百分之百的服务,难道您希望我们给的服务也打折吗?"

通过询问,把握住客户真正的异议点,销售人员在没有确认客户反对意见的重点及程度前,直接回答客户的反对意见,往往可能会引出更多的异议,让销售人员自困愁城。

又如以下案例:

潜在客户:"这台复印机的功能好像比别家要差。"销售人员:"这台复印机是我们最新推出的产品,它具有放大缩小的功能,纸张尺寸从 B5 到 A3;有 3 个按键用来调整浓淡;每分钟能印 20 张,复印品质非常清晰……"潜在客户:"每分钟 20 张实在不快,别家复印速度每分钟可达 25 张,有 6 个刻能高速浓淡,操作起来好像也没那么困难,副本品质比您的要清楚得多了……"

这个例子告诉我们,服务人员若是稍加留意,不要急着去处理客户的反对意见,而能提出这样的询问,如"请问您是觉得哪个功能比哪一家的复印机要差?"客户的回答也许只是他曾经碰到其他牌的复印机,具有 6 个刻度调整复印的浓淡度,因而觉得你的复印机的功能好像较差。若是销售人员能多问一句,他所需要处理的异议仅是一项,可以很容易地处理,如"贵企业的复印机非由专人操作,任何员工都会去复印,因此调整浓淡的过多,往往员工不知如何选择,常常造成误印,本企业的复印浓度调整按键设计成 3 个,一个适合一般的原稿,一个专印颜色较淡的原稿,另一个专印颜色较深的原稿。"经由这样的说明,客户的异议可获得化解。

销售人员的字典中,有一个非常珍贵、价值无穷的字眼"为什么?"不要轻易地放弃了这个利器,也不要过于自信,认为自己能猜出客户为什么会这样或为什么会那样,让客户自己说出来。

当你问为什么的时候,客户必然会作出以下反应:他必须回答自己提出反对意见的理由,说出自己内心的想法。他必须再次检视他提出的反对意见是否妥当。

此时,销售人员能听到客户真实的反对原因及明确地把握住反对的项目,他也能有较多的时间思考如何处理客户的反对意见。

通过询问,直接化解客户的反对意见:

有时销售人员也能通过各客户提出反问的技巧,直接化解客户的异议,如范例中的例子。

5."是的……如果"法

例如，潜在客户："这个金额太大了，不是我马上能支付的。"销售人员："是的，我想大多数人都和您一样是不容易立刻支付的，如果我们能配合您的收入状况，在您发年终奖金时多支一些，其余配合您每个月的收入，采用分期付款的方式，让您支付起来一点也不费力。"

人有一个通性，不管有理没理，当自己的意见被别人直接反驳时，内心总是不痛快，甚至会被激怒，尤其是遭到一位素昧平生的销售人员的正面反驳。

屡次正面反驳客户，会让客户恼羞成怒，就算你说得都对，也没有恶意，还是会引起客户的反感，因此，销售人员最好不要开门见山地直接提出反对的意见。在表达不同意见时，尽量使用"是的……如果"的句法，软化不同意见的口语。用"是的"同意客户部分的意见，再用"如果"表达另外一种状况是否这样比较好。

请比较下面的两种方法。

A："您根本没了解我的意见，因为状况是这样的……"

B："平心而论，在一般的状况下，您说的都非常正确，如果状况变成这样，您看我们是不是应该……"

A："您的想法不正确，因为……"

B："您有这样的想法，一点也没错，当我第一次听到时，我的想法和您完全一样，可是如果我们做进一步的了解后……"

养成用 B 的方式表达不同的意见，将受益无穷。

"是的……如果……"，是源自"是的……但是……"的句法，因为"但是"的字眼在转折时过于强烈，很容易让客户感觉到你说的"是的"并没有包含多大诚意，强调的是"但是"后面的诉求，因此，若你使用"但是"时，要多加留意，以免失去了处理客户异议的原意。

6.直接反驳法

例如，客户："这房屋的公共设施占总面积的比率比一般要高出不少。"销售人员："您大概有所误解，这次推出的花园房，公共设施占房屋总面积的 18.2%，一般大厦公共设施平均达19%，我们要比平均少 0.8%。"客户："你们企业的售后服务风气不好，电话叫修，都姗姗来迟！"销售人员："我相信您知道的一定是个案，有这种情况发生，我们感到非常遗憾。我们企业的经营理念就是服务第一。企业在全省各地的技术服务部门都设有电话服务中心，随时联络在外服务的技术人员，希望能以最快的速度替客户服务，以达成电话叫修后两小时一定到现场修复的承诺。

在"是的……如果"法的说明中，我们已强调不要直接反驳客户。直接反驳客户容易陷于与客户争辩而不自觉，往往事后懊恼，但已很难挽回。但有些情况必须直接反驳以导正客户不正确的观点。

例如，客户对企业的服务、诚信有所怀疑时；客户引用的资料不正确时。

出现上面两种状况时，必须直接反驳，因为客户若对企业的服务、诚信有所怀疑，拿到订单的机会几乎可以说是零。例如，保险企业的理赔诚信被怀疑，会有人去向这家企业投保吗？如果客户引用的资料不正确，你能以正确的资料佐证你的说法，客户会很容易接受，反而对你更信任。

使用直接反驳技巧时，在遣词用语方面要特别留意，态度要诚恳、对事不对人，切勿伤害了客户的自尊心，要让客户感受到你的专业与敬业。

五、实训工单

项目三 实训工单 2 顾客异议处理			
学院		专业	
姓名		学号	

一、接收工作任务

昨天王先生来某汽车 4S 店取走了维修好的汽车。按照公司惯例,汽车服务顾问王丽丽在客户完成维修服务后的第二天上午将对客户进行电话回访。

王先生表示,王先生结算金额为 556 元,但是回家以后和朋友交流才发现他朋友的车保养一次要便宜近 200 元,要求退 200 块钱。

二、信息收集

1.判断下面的说法,请在成立的答案后面的"□"打上"√",不成立的答案后面的"□"打上"×"。

(1)SA 妥善处理各种可能发生的异议,就能达成令双方满意的服务目标。□

(2)处理客户异议时,一定要相信顾客所说的话。□

(3)客户异议是客户对产品产生兴趣的标志。□

(4)客户的异议大概有 3 种:一般性异议、非真实性异议和价格异议。□

(5)汽车服务的过程就是维修接待处理与客户之间异议的过程。□

(6)在服务过程中,价格问题不是企业与客户之间十分敏感的问题。□

(7)如果企业的维修服务在价格方面与同行相比的确不具备优势,而且服务差异性也不大,那么就必须为价格劣势补偿其他的利益,是为补偿法。□

2.查阅资料,写出客户异议的类型原因。

3.查阅资料,写出处理客户价格异议的原则。

续表

4.查阅资料,写出处理客户异议的技巧。

5.查阅资料,比较各个汽车厂家质量担保期限情况(举几个例子即可)。

三、制订计划

根据所学知识,制订服务顾问在处理客户异议时的工作计划。

序号	工作流程	操作要点
1	倾听客户异议	
2	确定异议,分析异议原因	
3	回应客户异议	
4	处理客户异议(若需要),结束对话	

四、计划实施

针对以下情境,分析客户异议的类型,提出处理客户异议的方法。

情景:王先生对本次保养的质量十分满意,但王先生结算金额为556元,但是回家以后和朋友交流才发现他朋友的车保养一次要便宜近200元。

续表

	五、质量检查	

实训指导教师检查作业结果,并针对实训过程出现的问题提出改进措施及建议。

序号	评价标准	评价结果
1	仪容仪表合乎规范,佩戴工作牌	
2	有合乎规范的服务接待礼仪。能用标准的服务,舒缓客户不满	
3	能认真听取客户异议	
4	能准确确定异议,分析原因	
5	快速专业回应异议	
6	能快速处理异议(若需要),礼貌得体地结束对话	
7	彰显爱岗敬业、实事求是、精益求精的职业精神	

	六、评价反馈		

根据自己在本次任务中的实际表现进行评价。

序号	评价标准	评价分值	得分
1	仪容仪表仪态符合维修服务礼仪	10	
2	能认真听取客户异议,让客户感受到真诚服务	20	
3	能准确确定异议,分析原因	20	
4	快速、专业回应异议,并取得客户认同	30	
5	能快速处理异议(若需要),且礼貌得体地结束对话	10	
6	具有爱岗敬业、实事求是、精益求精的职业精神	10	
7	合计(总分100分)		

任务 3.3　处理客户抱怨

学习目的

（1）知道容易导致客户抱怨的行为。

（2）知道对客户的抱怨行为进行服务补救的原因。

（3）能正确运用处理客户抱怨的技巧。

（4）保持标准得体的商务服务礼仪。

（5）保持爱岗敬业、务实灵活、精益求精的职业精神。

（6）本着客户至上的服务理念,耐心专业地处理客户抱怨。

学习信息

一、容易导致客户抱怨的行为

1.可能导致客户抱怨的行为

客户对企业的抱怨大多数来源于服务失误,常见的服务失误主要包括:

（1）维修质量差。

（2）维修过程中发生意外或故障。

（3）交车时错认客户,疏忽前面对客户的服务承诺。

（4）在订购配件时品种或到货时间出错。

（5）让客户久等(含交货期)。

（6）客户希望得到其他服务或其他利益的希望破灭。

（7）维修接待解释说明技巧差。

（8）维修接待介绍服务项目错误。

（9）不把客户的抱怨当回事。

（10）要求客户付出的钱太多(服务价格过高)。

（11）不是原来的维修接待交车。

（12）维修接待沟通技巧差。

（13）价格超出报价但没有事先通知用户。

（14）用户等待交车时间过长。

（15）交车时不给客户看旧件。

（16）维修接待不知道停车位。

（17）维修接待对用户的不合理要求含糊其词。

（18）交车时不向客户解释发票内容。

2.当服务出现失误时,客户可能产生的反应

当企业服务失误时,客户就会因对企业服务的不满意而采取不同的行动。客户可能采取的行动如图3-1所示。

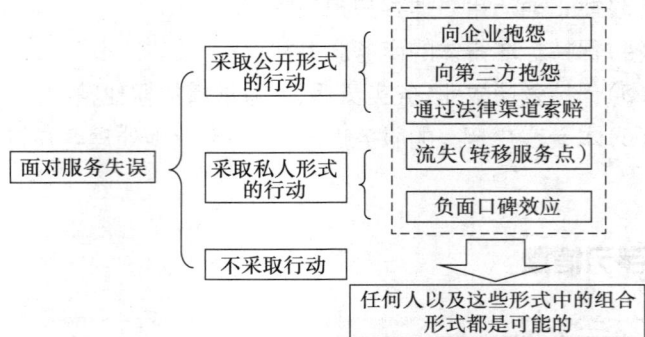

图 3-1　客户遇到服务失误时可能采取的行动示意图

通过图3-1可以看出,当客户准备对企业的服务失误采取行动时,至少有3种方式可供选择。

（1）采取公开形式的行动。公开形式的行动主要包括向维修接待提出抱怨、向公司管理部门提出投诉、向消费者协会投诉、向汽车制造厂家投诉、向媒体曝光、提起法律诉讼等。

（2）采取私人形式的行动。私人形式的行动主要包括客户到其他汽车维修站点对该企业的服务进行负面传播（如将自己不愉快的服务经历采用口头或网络的形式告知他人）等,从而影响企业的服务形象和客户消费群体。

（3）不采取行动。

3.理解客户对服务失误的反应

一旦企业出现服务失误,一线的处理人就是维修接待。事实上,客户遇到服务失误,通过抱怨的形式来表达不满是可以理解的。从长远服务的角度而言,客户的抱怨行为符合矛盾论,这是因为如果维修接待能够很好地解决客户的抱怨,这位客户往往会成为企业的忠诚客户;反之如果存在服务失误,客户虽然没

有抱怨,但维修接待如果不能主动地进行服务补救,而采取漠视或逃避的方式来处理的话,企业就很有可能失去这位客户,并可能带来更大的负面效应。

(1)并不是所有的客户都会把抱怨表现出来。客户抱怨是企业获得客户对服务评价的重要渠道之一。通过处理客户抱怨,维修接待能够发现服务的不足之处,从而进一步提高服务水平。而事实上,能够主动向维修接待提出抱怨的客户只是对服务不满的客户群体中很少的一部分。有关的研究显示,只有5%~10%的不满意客户会对维修接待进行抱怨。

(2)为什么有些客户不抱怨?很多客户在汽车特约服务站对服务不满意时,往往不愿意向维修接待表达抱怨的行为,很多时候只是发发牢骚而已。在有些客户看来,即便是抱怨,也往往于事无补。由于汽车维修服务的特殊性,使得客户没有太多的选择,对特约服务站而言表现得尤为明显。很多时候这些客户宁愿不抱怨。在他们看来,如果抱怨得不到解决,而由于某种原因又不得不继续和企业打交道,倒不如选择沉默——除非服务失误所造成的损失超过了他们的底线。

(3)客户为什么要抱怨?客户采取抱怨行为的主要目的是:

①获得赔偿或补偿。一般来说,客户希望通过抱怨挽回经济损失,如要求折扣、退款、赔偿、重新服务或提供免费服务等。

②发泄心中的不满。一些客户通过抱怨来重塑其自尊或发泄怒火。当维修接待服务时官僚作风严重、极其不合理、员工行为粗鲁、故意威胁客户、明显不关心客户的需求,或客户感到自尊心、自我价值严重受到损害时,就会非常生气,情绪化严重。

③帮助企业提高绩效。有些客户希望通过抱怨引起企业的关注,使得企业能够改善服务质量,提高服务绩效,从而避免以后再次遇到此类问题。

④利他的原因。一些客户受到利他主义原因的驱动,对企业提出抱怨是希望其他客户能够避免经历同样的问题,如果这些客户提出的问题没有受到高度重视,他们将会感到很失望。

二、为什么要对客户的抱怨行为进行服务补救

1.如果不早作处理,客户的异议会升级

在实际的工作中,维修接待及时地发现服务失误,并主动采

取补救措施是十分必要的。这是因为,由于服务失误导致的异议如果不能被及时地排除,就会逐步地发展,直至给企业带来更大的麻烦,如图3-2所示。

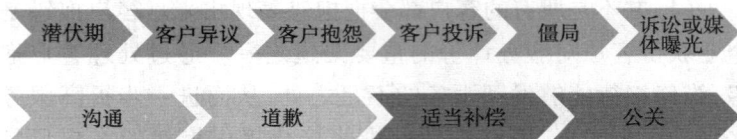

| 潜伏期 | 客户异议 | 客户抱怨 | 客户投诉 | 僵局 | 诉讼或媒体曝光 |

| 沟通 | 道歉 | 适当补偿 | 公关 |

图3-2　服务失误与服务补救关系示意图

由图3-2可知,一旦产生服务失误,随着时间的推移或事件的发展,客户的不满会逐渐增加,企业要进行服务补救所付出的代价也会逐步加大。

(1)当维修接待由于种种原因出现服务失误,抱怨的产生就开始潜伏。这时如果维修接待能够及时发现,主动与客户沟通,抱怨就能够及时地解决,如交车期因故延长,报价由于项目变更产生变化等。

(2)如果维修接待在出现失误后,没有在第一时间与客户沟通,而由客户先提出异议时,维修接待就需要向客户解释造成服务失误的原因,并向客户致歉。

(3)如果维修接待在客户对服务提出异议时,仍然没有引起足够的重视,就可能导致客户抱怨。对客户抱怨的处理,就需要维修接待向客户表达真诚的歉意。如果客户的抱怨情绪严重,维修接待还需要给予客户适当的经济补偿。

(4)如果维修接待没有及时解决客户的抱怨问题,矛盾会进一步升级,可能导致客户向公司投诉。一旦客户投诉产生,企业不仅要妥善处理客户的投诉事件,进行失误补救,而且要给予客户适当的经济补偿。

(5)如果客户进行了投诉而问题仍没有得到及时解决,客户的不满情绪就进入了僵局。随着时间的推移,客户的不满情绪就会进一步增加,并转变为对企业服务的负面口碑评价,此时企业要进行服务补救,就可能要付出更大的代价,才能弥补由于延误导致的损失。

(6)如果客户的投诉没有得到及时处理,僵局阶段双方也没有达成合理解决的协议,客户就可能进一步地采取公开的行动来维护自己的权益,如向法律机关提请诉讼、向媒体曝光等。如果是此类重大的投诉,企业要进行服务补救时,不仅需要进行合理的赔偿,而且需要通过公关手段来平息由于危机而带来的恶劣后果——即便是如此,这类客户会成为忠诚客户的可能性也微乎其微。

2.对服务失误进行服务补救

针对出现的服务失误,维修接待想方设法更正问题,使客户能够得到保留,进而成为企业的忠诚客户,维修接待做出的一系列努力,这种行为被称为服务补救。当客户的抱怨得到满意的解决时将会有更多的客户成为企业的忠诚客户。要使客户获得有效的服务补救,可以从以下4个方面着手:

(1)服务补救应该是主动的。维修接待进行服务补救的最佳时机是在客户抱怨产生之前,而不是抱怨之后。

(2)服务补救的过程需要有计划地进行。维修接待要根据企业出现服务失误时制订的流程进行服务补救。

(3)必须传授补救技巧。客户通常很容易由于服务失误而感到不安全,因为服务失误并不在客户的预料之中。企业应培训维修接待,增加他们进行服务补救时的信心,设法帮助客户,从而使客户能尽快地从不满的情绪中解脱出来。

(4)考虑适当补偿。补偿要求给维修接待授权。服务补救的手段应该是柔性的。如果企业把服务补救的权限下放给维修接待,维修接待就可以采取灵活的手段来处理。为了维护企业在客户心目中的良好形象,维修接待必须有权利作出补偿决定,支配补救的资金费用。

三、处理客户抱怨的技巧

1.处理客户抱怨的原则

(1)快速行动。如果失误发生在服务传递的过程中,那么时间就是获得全面补救的根本,即使补救方案需要较长的时间,迅速承认失误也是非常必要的。

(2)真诚地表示歉意。不要为自己的服务失误进行辩解。在很多时候失误是很难避免的,出现失误后真诚地向客户表示歉意,更容易获得客户的谅解。

(3)先处理情绪,再处理事情。意料之外的服务失误,不可避免地给客户带来了很多麻烦。由于这一原因,客户产生一些不满的情绪是可以理解的。维修接待在进行服务补救时,要先行安抚客户愤怒的情绪,理解客户的感受,以创造良好氛围,待客户情绪稳定后,再提出解决问题的方案。

（4）不要与客户争论。维修接待的目标是收集事实,然后与客户达成双方满意的解决方案,因此,不要与客户争论,而要冷静地倾听。

（5）要从客户的角度来看问题。维修接待要从客户的角度来观察和理解服务失误给客户带来的不便,尽量避免根据自己的想法下结论。

（6）提出明确的解决方案。维修接待要明确告知客户解决问题的方法,即便不能立即确定方案,也要告诉客户企业解决问题的诚意和计划。如果问题的解决取得了进展,也要及时向客户通报。

（7）考虑适当补偿。当客户没有享受到他们付费的服务,以及由于服务失误造成巨大的不便或损失大量的时间和金钱时,提供经济补偿或者等价的服务作为补偿是十分必要的,这样可以减少客户流失或危及进一步恶化的风险。过低或过高的补偿都是不可提倡的,服务补偿的限度应该是适当的。如果企业有较高的定位（如高端品牌）,则需要补偿的价值也较高;如果企业的服务为大众定位（如一般的中低端产品）,则"罪罚相当"的补偿就可以了。

（8）坚持重新获得客户继续购买服务的意愿。如果客户对企业的服务已经失望了,对维修接待而言,最大的挑战就是保持客户对企业的信心,以便维护未来的关系。维修接待要坚持减少客户的怒气,并使客户确信企业在采取行动以避免问题的再次发生。有时候,出乎意料的补救努力可以有效地构建忠诚,产生客户正面的口碑。在客户抱怨得到解决之后,一些小礼物会带给客户意外的感受,从而有利于企业客户群的扩大。

（9）自我检测及追求卓越。维修接待处理完客户抱怨后,要仔细检讨服务失误是偶然发生还是由于企业内部流程的缺陷导致的。如果是内部流程缺陷,要及时通知企业内部的反馈系统进行反应,以便使企业尽快地弥补这样的缺陷。

2.处理客户抱怨的技巧

维修接待进行服务补救时,适当地运用一些技巧,对于问题的解决是十分必要的。

（1）理解发现法。首先是由于维修接待自身的因素所导致的异议,如经验不足、沟通不够、服务不到位、客户理解偏差等而引发的反对意见,可以采用理解发现法来解决。理解发现法大多适合于分析性或合作型的客户,处理流程如图 3-3 所示。

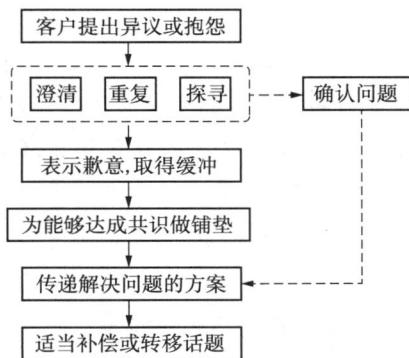

图 3-3　客户抱怨处理流程示意图

由图 3-3 可知,当客户提出异议或抱怨之后,维修接待首先要争取缓冲的时间,并确定客户的问题是什么。客户的问题通常可以采用 3 种方法来获得:

①重复:当客户提出问题时,通过重复客户的问题,一方面表示对客户的尊重;另一方面也同时表明听清楚了客户的问题,并使客户有时间加以补充。

②澄清:在很多情况下,客户并不会清晰地表示抱怨。他们提出的问题往往是含糊的,通过反问可以明确客户的真实意见,以使需要回答的问题得到澄清和证实。

③探寻:在很多情况下,不同的客户可能会对同一问题提出抱怨,而导致这一抱怨的原因是不同的。维修接待要设法了解客户抱怨的真正原因,才能有效解决客户抱怨。维修接待要不断学习,并注意经验的积累,从而达到正确判断客户心理的目标。

确认问题后,维修接待首先要对客户抱怨表示歉意,目的在于缓解客户的对立情绪,不要急于针对客户的抱怨提出解决方案。维修接待提出解决方案之前要注意适当的铺垫,以便提出服务补救的方案后客户能够轻松地接受。

对抱怨的处理可以采用确定或转移的方式来进行,对服务补救方案的传递要注意留有余地,一次性的慷慨,往往并不能导致问题的有效解决,反而可能导致客户的贪恋。要注意公平地提出解决问题的方案,不要有意地去辩解失误的原因,因为这些问题无助于问题的解决,且客户对这样的辩解并不关心。在对客户的抱怨进行补救时,应有意地引导客户向有利于我们进一步说明的方向来考虑问题,这样才能使服务补救成为下一次服务销售的机会。

【案例】

客户:"维修费怎么这么高?"

维修接待:"费用高? 您是指哪一方面?"(澄清)

客户:"你接车的时候告诉我大概需要 2 300 元,怎么现在看来要花 3 200 元? 这不是骗人吗?"(确认问题)

维修接待:"真是太对不起了,由于我的失误让您误会了。"(表示歉意)

客户:"没关系,这究竟是怎么一回事?"

维修接待:"是这样的,刚才在检修的时候,又发现了一个故障,我专门和您沟通过,但是我没有把费用变化的情况和您讲清楚真是太对不起了。"(铺垫)

客户:"原来是这样,可你怎么不早点和我讲。"

维修接待:"真是对不起,这是我的疏忽,您下次再来的话不会再出现类似的情况了。"(服务补救)

客户:"但愿如此。"

维修接待:"这是我们公司的一个小礼品,请您收下,也算是我的一点小小心意。"(确定或转移)

(2)反复法。面对客户的抱怨,有些情况下可以把客户抱怨的理由作为进一步解释的因子。反复法流程是当客户提出抱怨后,立即跟进,用明确的话题吸引客户的注意,提出问题的解决方案。反复法处理问题的方式简洁明快,多适合于威权型和表现型的客户。反复法的正确实施源于充分的作业前准备,当客户提出抱怨后,立即以快捷的方式处理客户抱怨。

【案例】

客户:"我的车怎么还没有修好?"

维修接待:"正是因为这个问题,我才专门来向您解释的。"(反复)

客户:"是吗?"(吃惊)

维修接待:"真是不好意思,刚才由于我的疏忽,作业时间延长我也没有及时和您打招呼。"(传递)……

(3)反射法。在服务过程中,当客户提出的反对意见题目太大,比较模糊,但由于某种原因,维修接待又不便询问时,可以采用反射法。反射法可以让客户对所提的问题作出进一步解释,一方面使得客户的反对意见得到补充,使我们更加明白客户的真实意图;另一方面也为我们做进一步的解释取得了缓冲的时间。

【案例】

客户:"你们的服务真是太差劲了。"

维修接待:"服务不好? 您是指哪一方面?"

客户:"刚才我在休息室等了半天也没有人招呼我……"

(4)处理与竞争对手有关的客户抱怨技巧。随着汽车市场的不断壮大与发展,人们对汽车后市场也越来越重视和关注,维修服务行业竞争日趋激烈,客户选择维修服务的范围也越来越广泛。因此,当客户提及其他服务企业时,千万不要随意去评价对方的服务,更不能贬低对手或与客户争论,而应承认客户所提及的事实,转移客户关注的焦点。对此类意见的处理可以采用以下基本方法:

①赞美对手。当客户提及竞争服务商时,无论维修接待怎样贬低对手,客户都不会相信甚至还会产生反感,有了去尝试一下的想法。因此,维修接待绝对不能正面贬低竞争对手,而应给予恰当的认可和关注,树立维修接待客观、公平的形象。当然赞美对手不是目的,而是为了不直接与客户的观点相抵触,获得客户的信任,赢得客户对企业的信任,赢得客户对企业的忠诚。

②用通俗语言讲解。随着我国汽车市场消费心态的逐步成熟,越来越多的客户认识到不能靠维修质量单一的指标来评价维修服务企业的服务能力,很多客户常用满意度来衡量某一服务企业的服务是否满足他们的需求。所谓满意度,是指在目标客户对汽车服务企业的服务进行评价时,综合考虑企业各方面的服务提供与价格的因素,从而作出合理的选择。比如,快修店有价格优势,但备件的纯正性可能存在一些问题;4S 汽车服务企业有综合服务及技术垄断的优势,但价格一般比较高;综合维修厂有技术优势,但是关联的服务提供就比较少等。因此,服务满意度的衡量指数给了所有不同价位的服务企业一个公平的衡量标准。竞争不是单一的价格,也不是单一的维修服务质量,而是看谁的服务更符合消费者的切实需求。同时要注意,不同客户对服务提供各个方面的关注点是不同的,因此在介绍企业服务的过程中要从客户的角度出发,用通俗的语言来讲维修服务质量和价格之间的对应关系,更有利于取得客户的认同,使其成

为企业的忠诚客户。

③学会定位客户,进行有针对性的解释。维修接待在进行服务沟通的过程中,要根据目标消费群体的需求情况对客户进行有针对性的解释。不同的消费群体有不同的消费档次,维修接待通过帮助客户进行恰当的消费定位,使客户能够接受企业所提供的服务和价格。这也是一种回避谈论竞争对手的有效方法。

综上所述,虽然说成功的服务始于异议的处理,但是优质服务的主要目的是减少异议,异议的减少又首先依赖维修接待技能的提高。其实,有很多异议是可以通过提前准备预防的,通过培训可以有效避免某些出现频率比较高的异议,还可以有效防止尴尬情况的发生,如增项处理等。

出现异议的多少与维修接待的经验和专业能力有关。维修接待由起步阶段努力地对付异议,逐步发展成为预防异议,将异议处理在萌芽阶段,经常性的训练和相互间的交流是必不可少的。

四、实训工单

项目三 实训工单 3 顾客抱怨处理			
学院		专业	
姓名		学号	

一、接收工作任务

客户李先生的车前一阵刚维修过,没过几天车又坏了,来店返修。李先生很生气,向服务顾问王丽丽抱怨。

二、信息收集

1.判断下面的说法,请在成立的答案后面的"□"打上"√",不成立的答案后面的"□"打上"×"。

(1)客户抱怨和客户异议就是一回事。□

(2)不采取任何行动的客户抱怨对汽车维修企业是有利的。□

(3)客户抱怨就是为了获得补偿,满足客户即可。□

(4)处理与竞争对手有关的客户抱怨时,更加不能赞美对手。□

(5)处理客户抱怨时,应用通俗语言进行讲解。□

2.查阅资料,写出容易导致客户抱怨的行为。

3查阅资料,写出处理客户抱怨的原则。

续表

4.查阅资料,写出处理客户抱怨的技巧。

5.客户抱怨如果处理不当,有什么后果?

三、制订计划

根据所学知识,制订服务顾问在处理客户抱怨时的工作计划。

序号	工作流程	操作要点
1	倾听客户抱怨	
2	确认问题	
3	安抚顾客情绪	
4	提出解决方案	
5	适当补偿或转移话题	

四、计划实施

针对以下情境,分析客户抱怨的原因,提出处理客户抱怨的方法。

情景:客户李先生的车前一阵刚维修过,没过几天车又坏了,来店返修。李先生很生气,向服务顾问王丽丽抱怨。

续表

五、质量检查

实训指导教师检查作业结果,并针对实训过程出现的问题提出改进措施及建议。

序号	评价标准	评价结果
1	仪容仪表合乎规范,佩戴工作牌	
2	热情接待顾客,耐心倾听客户抱怨	
3	积极回应顾客,确认抱怨的问题	
4	安抚顾客情绪	
5	提出可行的解决方案,并获得顾客同意	
6	转移或结束话题	
7	彰显客户至上的服务理念,爱岗敬业,专业务实地服务顾客	

六、评价反馈

根据自己在本次任务中的实际表现进行评价。

序号	评价标准	评价分值	得分
1	仪容仪表仪态符合维修服务礼仪	10	
2	热情接待顾客,耐心倾听客户抱怨	20	
3	积极回应顾客,确认抱怨的问题	20	
4	安抚顾客情绪	10	
5	提出可行的解决方案,并获得顾客同意	20	
6	结束或转移话题	10	
7	秉承客户至上的服务理念,爱岗敬业,专业务实灵活地服务顾客,并精益求精地提升处理能力	10	
8	合计(总分100分)		

任务 3.4　处理客户投诉事件

学习目的

（1）认识客户投诉的含义。

（2）正确实施处理一般性投诉事件的作业流程。

（3）学会并运用处理客户投诉事件的技巧。

（4）保持标准得体的商务服务礼仪。

（5）保持爱岗敬业、务实灵活、精益求精的职业精神。

（6）本着客户至上的服务理念，耐心专业地处理客户投诉。

学习信息

一、客户投诉的含义

汽车售后服务具有服务周期长、涉及面广、客户诉求复杂多变的特点，在售后服务提供的过程中经常会遇到客户投诉的事件。投诉是客户对服务不满意，或认为自己的合法权益受到侵害而向企业、政府或第三方管理机构提起投诉以讨回公道的行为，是客户不满意的一种诉求性很强的表现形式。

1.产生客户投诉的原因

很多原因可能导致客户的投诉，从维修质量到汽车产品，从服务质量到服务承诺，每一个可能出现服务失误的地方都可能导致客户投诉。如图 3-4 所示为 2008 年某调查机构汽车投诉主要服务问题分析示意图。对客户而言，投诉是维护自身权益的有效手段，随着人们消费理念的不断成熟，越来越多的客户在对服务不满意的时候，都会选择投诉的方式来维护自身的合法权益。虽然投诉事件对于汽车服务企业而言只是个案，但是它带来的危害性却不容忽视。如果不能妥善地处理投诉事件不仅导致客户流失，还可能给企业带来很大的负面影响。

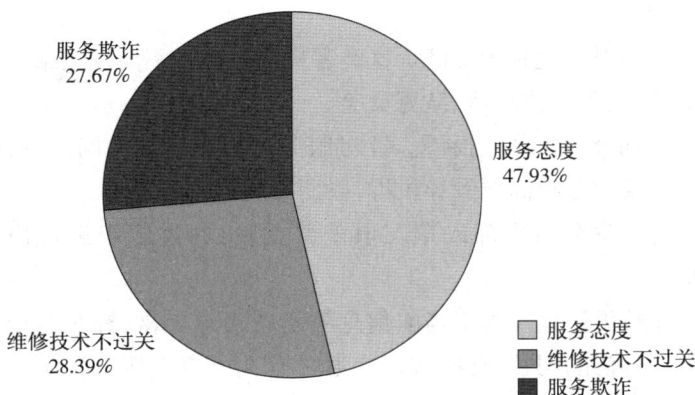

图 3-4　2008 年某调查机构汽车投诉主要服务问题分析示意图

2.投诉的种类

按照投诉方式的不同,可以把投诉分为以下 6 种:

(1)汽车产品本身的质量投诉。汽车产品本身存在缺陷或车辆由于其他原因出现性能障碍,而使客户产生不满情绪,导致客户投诉。

(2)服务质量投诉。汽车产品服务是长时间、多人员、多项目的服务。在整个复杂的服务过程中即使在一个环节出现沟通不够或服务态度不良,也会导致客户投诉。

(3)维修技术投诉。汽车是技术含量很高的消耗性产品,需要专门的技术人员提供服务。由于维修技术不到位导致故障不能一次性排除,甚至多次都不能得到解决,从而导致客户投诉。

(4)备件质量投诉。汽车产品的备件门类多、品种多。由于配件的质量不稳定易出现索赔,若不能及时处理,会导致客户投诉。

(5)服务价格投诉。由于客户对市场行情不甚了解,服务价格高于客户原来的预期,而同时维修接待没有做好沟通工作,导致客户投诉。

(6)客户另有企图的恶意投诉。少部分客户单方面恶意扩大事态或被竞争对手利用,企图获得更多利益或达到其他目的的投诉。

3.投诉的方式

投诉可以根据客户的反应渠道分为一般投诉、重大投诉和恶意投诉 3 类。

（1）一般投诉。

①面对面地表示不满。这类客户会直接将不满发泄给接待他们的人,如维修接待、结算员等。

②到公司领导处投诉。针对服务过程中出现的问题,有些客户直接向公司高层领导投诉,以期得到尽快解决。

③向汽车俱乐部或车友俱乐部反映,通过组织进行协调解决。

④投诉厂家。由于当前信息渠道越来越丰富,针对经销商服务不到位的问题,有些客户会通过有关渠道直接向汽车厂家投诉,以达到解决的目的。

（2）严重投诉和公关危险。如果客户的一般投诉不能得到有效的处理和解决,有些客户就会通过其他渠道进行投诉。

①向行业主管部门投诉。客户对严重存在的质量问题会向行业主管部门投诉,以期得到公正合理的解决。

②向消费者协会投诉。有些客户为了得到支持会向消费者协会投诉来得到解决。

③向电视、广播、报纸等新闻媒体表示不满。

④在互联网上发布消息。有些客户希望通过互联网引起更多的社会人士关注,从而给厂家或公司施加压力。

⑤通过法律渠道解决其投诉问题。

（3）恶意投诉。

①客户提出过分索赔要求。这是指客户对企业服务失误不符合公平性原则,提出过分要求,并有意扩大事端以获取额外补偿的投诉事件。

②非服务过失客户无理取闹。企业没有服务失误,而客户希望获得额外补偿而提出的投诉。

③第三方恶意利用。由于企业没有对投诉事件及时妥善处理,而被第三方恶意利用的投诉事件。

4.客户投诉诉求方式

客户投诉诉求的方式通常有 5 种,如图 3-5 所示为客户投诉诉求分析示意图。

（1）出现的故障免费予以维修。

（2）对由于服务失误或质量问题导致的时间、精神和经济损失要求赔偿。

（3）要求对存在重大质量问题的车辆退货。

（4）要求企业召回存在批量问题的车辆。

（5）要求企业对出现的服务失误进行认错并道歉。

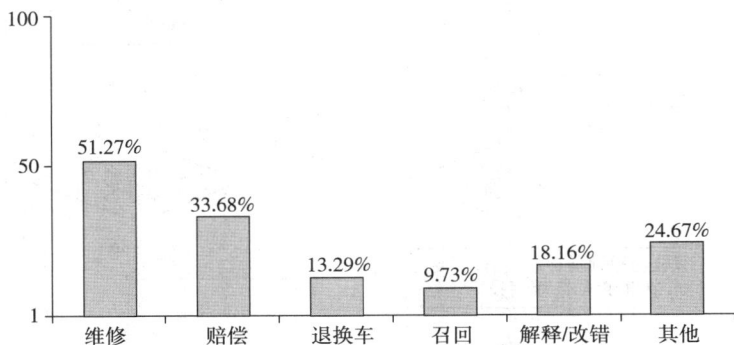

图 3-5　客户投诉诉求分析示意图

二、处理一般性投诉事件的作业流程

从某种意义上讲,恰当地处理好投诉是最重要的投诉工作。汽车企业有效处理客户投诉的重要手段之一就是按照既定的流程来处理投诉事件。

1.投诉处理作业流程

客户投诉处理作业流程示意图如图 3-6 所示。

（1）接受并记录客户投诉。接到客户投诉电话时,维修接待不可与客户争论,而要注意鼓励客户及时投诉问题。在客户诉说的过程中千万不能打断他们,以免增加已有的愤怒和敌意,使问题更难处理,维修接待在接受投诉的时候一定要做好记录,根据客户投诉登记表记录客户投诉的全部内容,如投诉人、投诉时间、投诉对象和投诉要求等。

（2）判定投诉是否成立。在了解客户投诉的内容后,要确定客户投诉的理由是否充分,投诉要求是否合理。如果投诉并不成立,就可以以委婉的方式答复客户,以取得客户的谅解,消除误会。

（3）确认投诉性质,判断事实真相。客户抱怨的原因千差万别,必须在弄清事实的基础上进行认真分析。在很多情况下,客户会强调那些支持其观点的情况,所以维修接待不能马上作出判断,而要通过内部信息系统查明客户投诉的具体原因及造成客户投诉的具体责任人。

（4）确定投诉处理责任部门。根据客户投诉的内容,确定

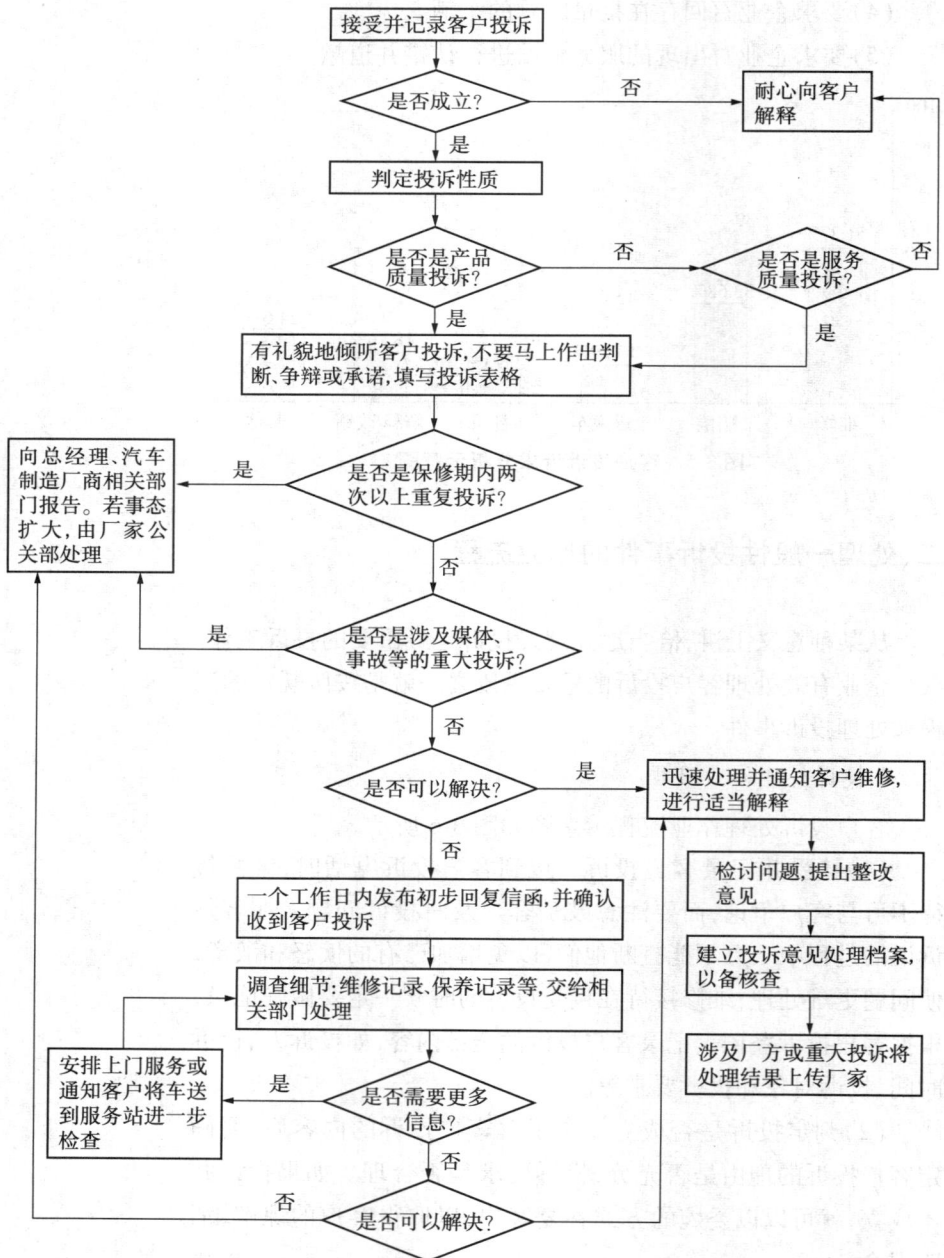

图3-6 客户投诉处理作业流程示意图

相关的具体受理单位和受理负责人。

①如果是产品质量问题,由信息管理中心按照厂家的投诉处理流程上传厂家,由厂家指定投诉处理部门。

②如果是维修质量问题,则由售后经理确定解决方案,由SA负责安排客户返修。

③如果是服务质量问题,由服务经理确定解决方案予以解决。

④导致重大责任事故的,上报总经理,由总经理协调各部门进行解决。

(5)提供解决方案。客户对汽车使用和理解的不同,其投诉的内容也不同。首先,要冷静地判断这件事情是否由自己单独处理。如果必须由公司出面或其他部门处理,应马上转移到其他部门处理或提交更高一层管理机构处理。其次,维修接待仍然负有处理客户投诉的责任,从有关部门接手处理直到客户问题得到圆满解决,这是一站式汽车服务的具体表现。

(6)公平地解决索赔。依据实际情况,参照客户的投诉要求,提出解决投诉的具体方案,如退换车、换货、免费维修、提供免费服务、价格折让、赔偿等。

(7)客户同意解决方案后应尽快处理,并注意收集客户的反馈意见。处理问题的时间是客户对该汽车企业服务能力与服务品质评价的一个重要指标。如果处理时间拖得太长,不仅不利于问题的解决,有时甚至还会将问题进一步恶化。有关研究报告显示,一次负面的事件需要 12 次正面的事件才能弥补。"当场承认自己的错误需具有相当的勇气和品性;给人一个好感胜过一千个理由。"即使是因客户本身错误而发生的投诉,在开始时也一定要向他道歉,就算自己有理由也不可立即反驳,否则只会增加更多的麻烦。这是在应对客户投诉时的一个重要法则。但是一味的赔罪也是不恰当的处理方式,低声下气往往会让客户误认为缺乏处理问题的能力和诚意。处理客户投诉的最佳方式是,一边道歉,一边使用各种应对方法建议客户对问题处理方式和结果的认同。

(8)检讨结果,总结改进,做好记录。为了避免同样的事情再度发生,必须分析原因,检讨处理结果,并提出改进报告。

①每一次的投诉处理都要写入相关部门的服务质量警示记录,以便查阅和统计投诉规律,为达到零投诉的目标积累经验。

②改进报告。要向上级主管领导或公司董事会汇报有影响力的投诉事件或规律性的投诉事件,防止问题一而再、再而三的发生。

2.客户投诉监督管理流程

(1)由客户服务中心对处理完毕的投诉处理报告表进行汇

总,并对客户经理明确表明需要回访的客户,在 24 小时之内进行回访;对正在进行中的投诉处理报告表暂停回访,直到处理完毕后再进行回访。

(2)客户服务中心对收到的投诉处理报告进行及时性和处理尺度的考核,将发现问题的投诉处理报告表返回管理部,由管理部与相关责任人进行过失认定后将投诉处理报告表交客户服务中心存档。

(3)客户服务中心每周二和每月 2 日将投诉处理报告表汇总,报告给主管总经理和管理部。

(4)每月 4 日管理部将投诉处理报告表汇总中的奖罚情况报主管总经理和财务部。

(5)除责任人外,每个环节涉及的部门都应安排主要负责人和次要负责人,不得由于人员休息延误投诉处理报告表的处理及时性。

(6)当事人不得直接参与客户投诉处理。

三、处理客户投诉事件的技巧

1.处理投诉的原则

企业对客户投诉的处理好坏直接关系到企业的服务能力。在投诉处理过程中,要把握以下原则:

(1)先处理心情,再处理事情。客户在陈诉其不满时,往往都是一腔怒火,这时候如果马上处理,可能并不利于事情的解决,应在倾听过程中不断地表达歉意,同时允诺事情将在最短时间内解决,从而使客户逐渐静下来。等客户怒火平息后,再认真仔细地了解事情的真相,进行处理。

(2)不回避。发生问题后,不能采取回避的原则,因为回避只能将问题搁置而得不到解决,还有可能发生其他的意外而更不利于事情的解决。

(3)第一时间处理。当发生投诉问题后,使问题得到最快地解决是最有效的方法。

(4)找出原因,控制局面,防止节外生枝,避免事态扩大。汽车企业要针对客户申诉,迅速查找出他们不满意的真实原因,才能在处理过程中做到心中有数,有的放矢。有些客户往往故意夸大自己的不满意,以求"同情",实现自己的"目的"。如某客户汽车空调出现问题,他在陈诉中就说汽车是多么耗油,机械性能多么欠佳等,这时就需要我们的人员在倾听过程中准确判断客户"真正"不满之处,有针对性地进行处理,从而防止节外生枝,避免事态扩大。

（5）必要时请上级领导参与,运用团队的力量解决问题。

（6）在投诉处理过程中,维修接待不要作职权外的承诺,涉及赔偿问题时,要把握诚意道歉、适当让步、合理赔偿的原则。

2.处理投诉的技巧

巧妙地处理投诉、化解客户的不满情绪是客户服务的重要手段。

（1）稳定客户情绪、防止意外状况的技巧。处理投诉最关键的环节是要稳定客户的情绪,可以运用以下技巧:

①表示歉意。不管投诉是由于什么原因,都给客户带来了很大的不便,因此,在解决问题前表示歉意是十分必要的。

②让客户放松。当客户情绪激动的时候,首先是让客户放松下来,可以让客户坐下,并端上茶水。让他慢慢讲,从而起到稳定情绪的作用。

③不争辩。站在客户的角度而言,投诉是不得已而为之。当客户反映问题时,如果与他们发生争论不仅不利于问题的解决,反而有可能进一步激化矛盾,扩大冲突的范围。

④换时、换地、换人。当投诉的问题比较严重时,可以采用换时、换地、换人的方法,减少冲突,避免激化,控制范围。首先是变更对应的人,必要时请出主管、经理或其他领导,从而让对方看出你的诚意。其次就是变更场所。尤其对于感情用事的客户而言,换个场所较能让客户恢复冷静。最后应注意不要马上回答,要以"时间"换取冲突冷却的机会。维修接待可以告诉客户:"我回去后好好地把原因和情况调查清楚后,一定会以负责的态度处理好这件事情。"这种方法是要获得一定的冷却期,尤其是客户所投诉的难以处理的问题时,应尽量运用这种方法。

⑤转移话题。对于某些一般性的投诉,可以采用转移话题的方法,来调节客户的情绪。

（2）与客户交谈的技巧。

①以诚恳、专注的态度来听取客户对汽车产品、服务的意见,听取他们的不满和牢骚。倾听客户不满过程中要面向客户,使其感到企业对他们的意见非常重视,譬如工作人员在倾听时

应拿笔记下客户所说的重点,虽不能彻底地安抚客户,却可以平息客户的怒火,防止事态进一步扩大。

②确认自己理解的事实是否与对方所说的一致,并站在对方的立场上替客户考虑,不可心存偏见。每个人都有自己的价值观和审美观,很可能对客户来讲是非常重要的事情,而你却感到无所谓,因此在倾听过程中你的想法与对方所诉可能会有偏差。这时一定要站在客户的立场上替客户考虑,同时将听到的内容简单地复述一遍,以确认自己能够把握客户的真实想法。

③听客户反映问题时不可有防范心理,不要认为客户吹毛求疵,鸡蛋里面挑骨头。绝大多数客户的不满都是因为我们工作失误造成的,即使部分客户无理取闹,我们也不可与之争执。

④必要时,认同客户的情感,对其抱怨表示理解。

应对办法一:"我们的工作宗旨就是'客户至上',如今有不周到的地方真是太抱歉了。假如我是您的话,一定会有同样的想法。为了有利于提高我们的服务质量与水平,可否拜托您给我们提一些改进意见呢?"

应对办法二:"给您增添这么多麻烦真是对不起!最近由于客户们的安全意识提高了,来保养的车子也大为增加。我们一定会尽力地做好服务,但希望您最好还是利用预约制度,假如能够早点联络的话,效率可能会高一点。"

【案例】

"让我们在服务站等那么久!"

客户心理:A.在百忙之中浪费时间。

　　　　　B.不愉快。

注意点:A.首先道歉,以消除客户的不满。

　　　　B.说明维修企业的结构。

四、实训工单

项目三　实训工单4　顾客抱怨处理			
学院		专业	
姓名		学号	

一、接收工作任务

2021年10月10日,王先生到维修企业进行普通保养及检修空调异响,当晚发现空调异响仍然存在,于10月12日再次来厂检查。经检查后被告知鼓风机坏了,维修费用约200元,更换维修后结账1 000元,原来是SA报错价格,致使王先生投诉认为第一次检修不彻底,多出的800元费用应由维修企业自行负责。

二、信息收集

1.判断下面的说法,请在成立的答案后面的"□"打上"√",不成立的答案后面的"□"打上"×"。

(1)在向顾客提供售后服务的时候,只要我们SA的服务到位,维修质量满足顾客期望,这客户投诉是可以避免的。□

(2)当客户向SA投诉时,SA应第一时间把顾客转交给服务经理或客户服务部门来处理。□

(3)恶意投诉的顾客不应在第一时间得到SA的处理。□

(4)面对有公关危机的客户投诉时,SA不能掉以轻心,要及时上报服务经理甚至总经理。□

(5)客户投诉时,如果客户陈述的理由不够充分,SA应立即给予反驳。□

2.查阅资料,当客户进行投诉时要注意哪些注意点?

3.试分析客户投诉的原因有哪些?

4.处理客户投诉的流程是什么?

续表

	三、制订计划

根据所学知识,制订服务顾问在处理客户投诉时的工作计划。

序号	工作流程	操作要点
1	接受并记录客户投诉	
2	判定投诉是否成立	
3	确认投诉性质,判断事实真相	
4	确定投诉处理责任部门	
5	提供解决方案	
6	公平地解决索赔	
7	客户同意后尽快处理,并收集客户反馈意见	
8	总结改进,做好记录	

四、计划实施

根据以下提供的情境,分角色模拟处理客户投诉。

情景1:2021年10月10日,王先生到维修企业进行普通保养及检修空调异响,当晚发现空调异响仍然存在,于10月12日再次来厂检查。经检查后被告知鼓风机坏了,维修费用约200元,更换维修后结账1 000元,原来是SA报错价格,致使王先生投诉认为第一次检修不彻底,多出的800元费用应由维修企业自行负责。作为SA的你该如何处理?

情景2:王先生接到维修企业的短信通知,奥达公司开展服务活动,来店检修即送车用吸尘器一台。王先生致电企业后得知,车用吸尘器肯定得到。王先生驾车前往该企业维修,维修完毕后被告知车用吸尘器发放完毕,王先生于是投诉SA服务有问题。作为SA的你该如何处理?

续表

五、质量检查

实训指导教师检查作业结果,并针对实训过程出现的问题提出改进措施及建议。

序号	评价标准	评价结果
1	仪容仪表合乎规范,佩戴工作牌	
2	热情接待顾客,耐心倾听并记录客户投诉	
3	积极回应顾客,判定投诉是否成立	
4	确认投诉性质,查明具体原因和责任人	
5	准确确定投诉处理责任部门	
6	迅速提供解决方案,或持续帮助顾客跟进解决进度	
7	灵活公平地解决索赔	
8	征得客户同意后,尽快处理投诉,并收集客户反馈意见	
9	总结经验改进方法,做好记录	
10	彰显客户至上的服务理念,践行爱岗敬业、务实灵活、精益求精的职业精神。	

六、评价反馈

根据自己在本次任务中的实际表现进行评价。

序号	评价标准	评价分值	得分
1	仪容仪表仪态符合维修服务礼仪	10	
2	热情接待顾客,耐心倾听并记录客户投诉	20	
3	分析投诉,准确确定投诉处理责任部门	20	
4	迅速提供解决方案,或持续帮助顾客跟进解决进度	10	
5	提出可行的解决方案,并获得顾客同意,尽快处理投诉	20	
6	反馈客户处理意见,做好记录	10	
7	秉承客户至上的服务理念,爱岗敬业、务实灵活,精益求精提升投诉处理能力	10	
8	合计(总分100分)		

任务 3.5 实施紧急救援

学习目的

（1）认识汽车紧急救援行业。

（2）认识我国汽车紧急救援行业发展现状。

（3）知道汽车紧急救援的服务项目。

（4）能够正确实施汽车紧急救援工作流程。

（5）保持标准得体的商务服务礼仪。

（6）保持爱岗敬业、务实灵活的职业精神。

（7）本着客户至上的服务理念，专业实施紧急救援。

学习信息

一、认识汽车紧急救援行业

汽车救援最常见在英国，在其他地方，它也可能被称为紧急路边修理或路边援助。这种服务起源于早期国家汽车组织，如美国的成员俱乐部、美国汽车协会（AAA）、英国汽车协会（AA）、翼卡车联网和加拿大汽车协会（CAA）。这些协会的许多人建立了会员制俱乐部作为早期驾驶爱好者服务，以协助成员创造的一个援助车队。

汽车救援行业是一个专业性很高的行业，需要技术独特、装备精良，有一定数量的救援工，具备汽车修理等级证书，以及丰富的修理经验，有诊断故障能力，熟悉道路，有一定的专业救援车并配备行营的设备与工具，通信设备、故障诊断等。要达到这样的水平，必须有雄厚的资金和先进的管理模式作为后盾。

我国汽车救援大约是从汽车 4S 店开始，那时沃尔沃、大众等品牌汽车将道路救援作为卖点之一提供给车主。随着国内汽车市场的不断发展，现较大、中型汽车维修公司和服务公司都已经推出了自己的汽车救援服务，如果车主遇到故障，如突然不能启动、熄火后无法启动、没油、没电，甚至路途中爆胎等，都可以联系 4S 店或者最近的汽车救援服务公司，向专业的汽车救援技术人员求助，他们会询问判断汽车大概问题，再赶往现场进行救助。

二、我国汽车紧急救援行业发展现状

汽车救援在我国已经走过十余载，在这个行业中，大家各自为政，没有行业标准，没有约束机制，没有成熟模式，没有发展方向……面对这样一个行业，接受服务的消费者心里也没了谱儿。

专家分析，由于汽车救援行业经营内容众多，加上一些相关政策的制约，不可能有单位对其进行管理，只能依靠行业自律。

有车族对救援俱乐部的认同和需求还存在着很大的障碍。各俱乐部的经营理念不同，导致了这个行业的不规范，使人们对汽车救援俱乐部的认识很模糊，而整个汽车救援型俱乐部市场鱼龙混杂，服务质量良莠不齐也使有些车主对其不太信任。

根据预计，中国汽车市场在未来的 5～10 年内将会保持年均 15%～20% 的增长速度。从汽车用户发展的角度来分析，我国道路交通紧急汽车救援行业预计将经历 3 个阶段。

起步阶段：2008 年以前。私人汽车在经济发达地区开始普及，相应的紧急道路汽车救援服务行业开始起步。紧急汽车救援服务的主体是以 4S 店为主的汽车修理行业。

成长阶段：2009—2015 年。家用汽车在地级城市开始普及。汽车保有量急剧增长。随着保有量的增加，二手车市场快速成长，远距离驾车出游的增多，紧急汽车救援行业得到快速成长，专业化分工也越来越细化。汽车俱乐部得到较大的发展，部分有实力的 4S 店的俱乐部会发展成为具有一定规模的区域汽车俱乐部，区域汽车俱乐部成为越来越重要的紧急汽车救援组织者，全国性的紧急汽车救援服务网络开始走上轨道。

成熟阶段：2015 年以后。汽车基本普及到中国的城镇家庭，成为人们生活必不可少的工具。紧急汽车救援行业高度专业化,类似美国汽车用户协会(AAA)的全国性的以紧急汽车救援为主的综合性汽车用户服务网络成为道路交通紧急汽车救援的最主要的组织主体。

三、汽车紧急救援的服务项目

(1)送油:车辆没油了。

(2)充电:车辆没电无法启动时。

(3)送换轮胎:途中爆胎,需要换后备轮胎或使用新的轮胎。

(4)现场故障排除:快速排查汽车故障问题,30 分钟内的故障进行现场小修解决问题。

(5)故障拖车:将故障车辆拖到维修点。

(6)现场救援指导:不使用救援工具,指导被困车辆脱离困境。

一些服务比较全面的道路救援服务还包括酒后代驾、派送锁匠服务等。

四、实施汽车紧急救援工作流程

汽车紧急救援服务的工作流程可以概括为 4 个阶段,如图 3-7 所示。

救援受理 ➡ 确认工作 ➡ 救援出动 ➡ 现场作业

图 3-7 汽车紧急救援服务 4 个阶段

(1)救援受理。救援受理应以清晰、亲切的语调接听救援电话,在接听电话时请首先自报公司及本人姓名,如"您好,某某公司的维修接待员×××在这里为您提供服务。"根据《受理记录单》上的内容,认真听取并记录重要项目。大多数客户在请求救援时会比较着急,此时应以亲切的口吻加以引导,准确记录。

(2)确认工作。确认客户及基本信息。确认故障及现场情况:救援内容、现场。根据具体情况选派相应的救援车辆以及装备。明确救援地点:通过地名、目标建筑物等正确把握救援地点。

（3）救援出动。检查必要装备和工具。说明预计到达现场的时间和费用，如果中途发生延迟应及时通知。根据具体情况，需要携带以下物品：急救箱、脚垫、座椅套、方向盘罩等。

（4）现场作业。热情问候，出示身份证明，确认现场车辆情况（特别是表面有无划痕），说明救援作业步骤，引导客户到达安全场所等待，作业完成后的确认及提供有益建议，清扫现场。

在明确汽车紧急救援各个阶段的工作内容后，维修接待可根据以下具体工作流程实施，如图 3-8 所示。

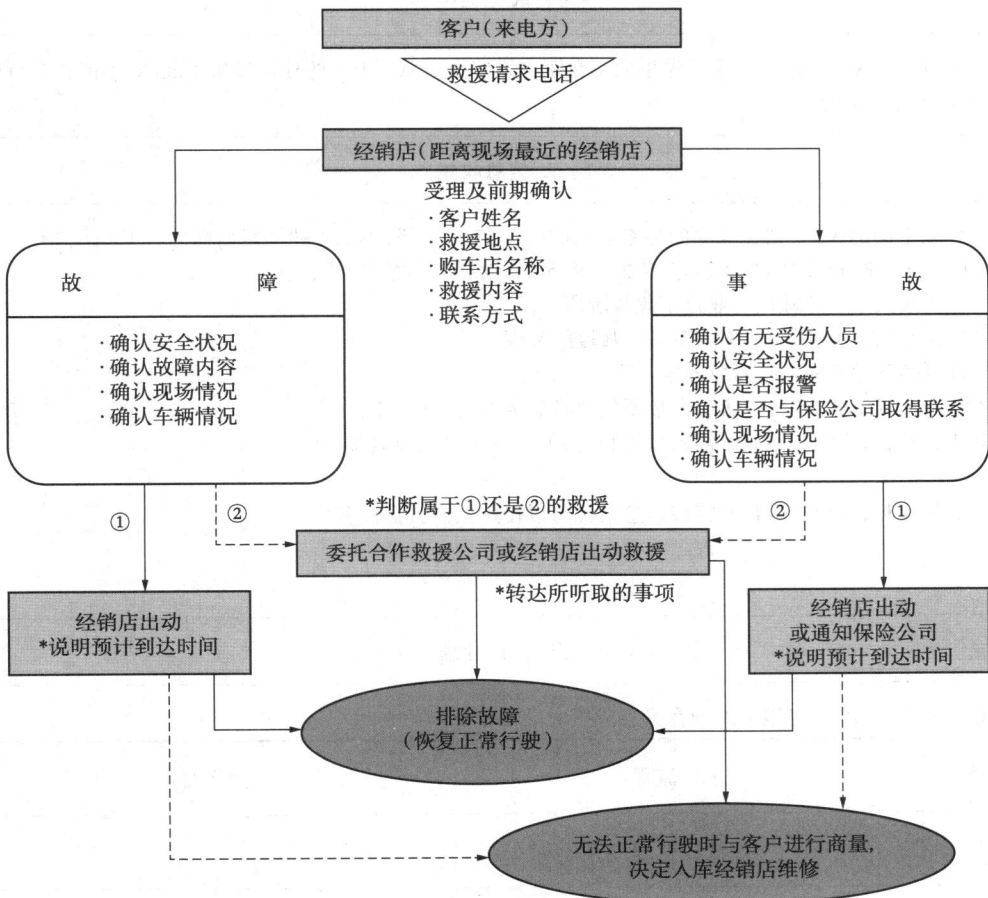

图 3-8　汽车紧急救援工作流程图

现场作业后，对于需要入库维修的车辆，需客户同行或办理相应的入库手续，明确双方的权责。

五、实训工单

项目三　　实训工单 5　　紧急救援			
学院		专业	
姓名		学号	

一、接收工作任务

2021 年 10 月 10 日,李先生王先生的车在距离维修企业 300 千米的外地发生了故障,不能正常行驶,需要维修企业紧急救援。

二、信息收集

1.判断下面的说法,请在成立的答案后面的"□"打上"√",不成立的答案后面的"□"打上"×"。
(1)汽车道路救援是品牌汽车宣传的一个卖点,没有实际意义。□
(2)我国汽车紧急救援行业处于起步阶段。□
(3)顾客汽车没油了,这不属于紧急救援的范围。□
(4)更换备胎不能进行紧急救援。□
(5)汽车紧急救援时,确认工作必须包含确认救援的价格。□
2.查阅资料,当客户遇到急需救援项目时,如何安排紧急救援服务?

3.查阅资料,试分析客户的哪些紧急情况可以使用紧急救援服务?

三、制订计划

根据所学知识,制订服务顾问在紧急救援时的工作计划。

序号	工作流程	操作要点
1	救援受理	
2	确认工作	
3	救援出动	
4	现场作业	

四、计划实施
根据以下场景,模拟进行救援受理和确认工作。 　　场景1:王先生的车在距离维修企业20千米的地方爆胎了,需要维修企业帮助更换备胎。 　　场景2:王先生的车在距离维修企业300千米的外地发生了故障,不能正常行驶,需要维修企业紧急救援。

五、质量检查
实训指导教师检查作业结果,并针对实训过程出现的问题提出改进措施及建议。

序号	评价标准	评价结果
1	仪容仪表仪态合乎规范,佩戴工作牌	
2	受理救援电话并记录,符合电话礼仪	
3	确认客户及救援基本信息	
4	确定救援,预计到达现场的时间和费用	
5	到达现场,科学引导现场,实施救援	
6	作业完成,清扫现场	
7	救援中彰显客户至上的服务理念,保持爱岗敬业、务实灵活的职业精神	

六、评价反馈
根据自己在本次任务中的实际表现进行评价。

序号	评价标准	评价分值	得分
1	仪容仪表仪态符合紧急救援服务礼仪	10	
2	热情受理救援,认真记录客户信息、救援信息	20	
3	确认客户信息及救援基本信息,预计救援时间和费用	20	
4	到达现场,科学规范实施救援	30	
5	作业完成,清扫现场	10	
6	救援中秉承客户至上的服务理念,爱岗敬业、务实灵活	10	
7	合计(总分100分)		

任务 3.6 实施事故车辆的维修接待流程

学习目的

（1）知道事故车辆保险理赔流程。
（2）学会并实施 SA 接待事故车的流程。
（3）运用标准得体的维修服务接待礼仪。
（4）具备爱岗敬业、实事求是、精益求精的职业精神。
（5）本着客户至上的服务理念，热情、专业地服务。

学习信息

一、事故车辆保险理赔流程

　　事故车辆的接待过程要比保养维护和一般维修的车辆的接待过程要复杂得多。一般来说，事故的发生具有偶发性，容易造成人员和财产的损失，这个处理过程就相对来说比较复杂，绝大多数车主并不具备相应的专业知识来处理事故发生后的情况，因此，事故车辆的维修接待一边要求 SA 应用丰富的法律、保险理赔流程知识向顾客提供专业化的建议和帮助，另一方面能应用汽车维修的知识帮助顾客实现高质量的维修和保险的赔付和结案。

　　保险理赔是指被保险人出险后，在保单许可的范围内，要求保险公司赔偿保险事故造成的损失和给付赔偿金的过程，买车险就是为了在出险时获得保险公司的赔偿，被保险人如果了解保险公司的理赔手续，就可以更快地取得赔款。了解保险公司的拒赔规定，就能在车辆使用或理赔时避免不当行为，减少被拒绝的可能性。如果投保车辆发生不测，如遭受意外事故或自然灾害，被保险人或驾驶人应积极采取措施进行施救并保护好现场,同时向保险公司报案并通知有关部门,然后提出理赔申请。保险理赔作业流程如图 3-9 所示。

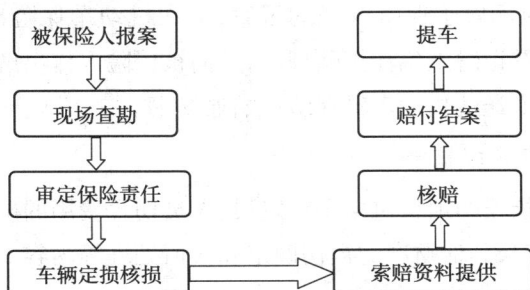

图 3-9　保险理赔作业流程示意图

1.被保险人报案

保险事故发生后,被保险人首先要在第一时间报案,通知公安交通管理部门和保险公司,然后提出索赔的要求。在报案时应注意以下 3 个问题:

(1)报案期限:保险事故发生后,48 小时内通知保险公司。

(2)报案方式:到保险公司报案、电话(传真)报案或业务员转达报案。

(3)报案内容:被保险人名称、保单号、保险期限、保险险别、出险时间、出险地点、出险原因、出险车辆牌号、厂牌车型;人员伤亡情况、伤者姓名、送医时间、医院地址;事故损失及施救情况;车辆停放地点;驾驶人、报案人姓名及与被保险人关系;联系电话。

2.现场查勘

现场查勘人员到达事故现场后,如果险情尚未控制,应立即会同有关部门共同研究,确定施救方案,以防止损失进一步扩大;同时确认车辆受损情况,查清事故各方面所承担的事故责任比例,确定损失程度;确认客户车辆是否重复投保,以便后期分摊费用。

3.审定保险责任

保险公司的理赔人员根据现场查勘记录和有关证明资料依照保险条款的有关规定全面分析主客观原因,确定是否属于保险责任范围。在现场查勘后 24 小时内,保险公司必须对所查勘的案件作出是否立案的决定,并注明责任人。

(1)对在保险有效期内,且属于保险责任的赔案,查勘人员应在现场查勘 24 小时内进行立案登记,将资料录入计算机中,并自动生成立案编号。

（2）对不属于保险责任的报案,应在机动车保险出险报案表和立案登记簿上签注拒赔理由,并向被保险人作出解释,同时向被保险人送达机动车辆保险拒赔通知书。

4.车辆定损核损

定损核损的项目包括车辆定损、人员伤亡费用的确定、施救费用的确定、其他财产的损伤确定和残值处理等内容。

5.索赔资料提供

要求被保险人尽快收集必要的索赔单证,10 日内向保险公司申请索赔。若被保险人在两年内不提供单证申请索赔,即视为自愿放弃索赔权益。

6.核赔

在进行赔款理算之前,保险公司相关工作人员要核对有关的索赔单证资料和发生事故的驾驶人的"机动车驾驶证"及保险车辆"机动车行驶证"的原件和复印件,核对无误后留存复印件。根据被保险人的投保情况计算索赔金额。对被保险人提供的各种必要单据审查无误后,理赔人员根据保险条款的规定,迅速审查核定,对车辆损失险、第三者责任险、附加险、施救费用等分别计算赔款金额,并将核定计算结果及时通知被保险人。保险公司应在与被保险人达成赔偿协议后 10 日内支付赔款。

7.赔付结案

保险公司在赔偿时以事实为依据,依照条款按责赔偿。因此,被保险人在处理事故时要实事求是地承担责任,超过应负责的损失保险公司不负责赔偿。

8.提车

被保险人在获得赔偿后,可到汽车维修企业按正常交车流程提车、付款。

二、SA 接待事故车的流程

SA 如果接待未投保的或被拒赔的车辆时,其工作流程同一般维修车辆的接待流程相同。绝大多数顾客车辆发生事故都是由保险公司来进行赔偿,接待投保的事故车一般遵循下面的工作流程。

(1)SA 负责接待客户了解基本出险情况。

(2)向客户收集理赔基本资料,并检查是否齐全、有效、清晰。

主要资料包括:是否报案、交警证明(交通事故处理书)、保户保险单正本、本车行驶证、案件驾驶员的驾驶证、被保人的身份证等。

(3)SA 与客户签订代办理赔协议书。所有协议都必须车主本人签署。(由车主开出授权书后可由第三方代签)

(4)了解基本情况后,上报理赔组进行跟进核价处理。

(5)理赔员从保险公司出具核价单后(如有免赔的保单必须在核价单工单注明免赔额度),连同部分办理核价必须使用的理赔资料转交前台主管,主管审核无异议后签名确定(理赔员与前台主管双方必须办理理赔资料交接签收手续),通知前台下工单(在工单注明核价单上的免赔额度),车间进行维修。

(6)车间维修时如有追加项目必须及时联系跟进的 SA,由其再通知跟进的理赔员进行重新核价、追加维修项目等处理。

(7)车辆维修完毕,SA 联系客户取车(通知客户时必须提醒客户准备好必须由其负责提供的理赔资料),所有代办的理赔案必须在取车前签订代办理赔协议,上交部门前台主管连同客户其他理赔资料转交结算员核实,否则结算员可以拒绝放车。

(8)资料核对后,结算员办理收款或让客户在维修清单确认签名,并办理放车手续。

(9)所有维修完毕进行结算后的理赔车辆如有旧件回收的必须保管好,由理赔员负责办理保险公司理赔旧件回收确认手续。

(10)在财务开出发票后一定期限内上交保险业务科,由该科负责与保险公司的交案、索取保管回执原件、收款等后续工作并交回执复印件给各财务保管。

三、实训工单

项目三 实训工单6 事故车辆维修接待			
学院		专业	
姓名		学号	

一、接收工作任务

2021年12月10日,王先生驾车从后面撞上了李先生的车,交警认定王先生负全部责任。王先生和李先生的车都是丰田系列轿车,但王先生和李先生投保的保险公司不同。当天,二位车主相约一起来维修企业定损维修。

二、信息收集

1.判断下面的说法,请在成立的答案后面的"□"打上"√",不成立的答案后面的"□"打上"×"。

(1)顾客车辆发生保险事故以后,保险公司会负责处理,与SA无关。□

(2)被保险人必须在发生事故后立即报案,否则拒赔。□

(3)SA不必知道保险理赔的业务流程。□

(4)在准备理赔资料时,如果驾驶人不是被保险人,被保险人的身份资料则不需要。□

(5)事故车的接待过程和一般维修的接待过程一样。□

2.查阅资料,作为一名维修接待人员,为确保做好事故车维修接待工作,你需提前做好哪些方面的准备?

3.查阅资料,汽车出险保险公司理赔的流程是什么?

续表

4.请根据国家最新保险规定,完善以下保险险种相关内容。

序号	保险种类	有责:　保险限额	保险责任
1	交强险	无责:	
2	车损险		
3	三者险		
4	车上人员险		
5	……		

三、制订计划

根据所学知识,制订服务顾问在处理事故车维修接待时的工作计划。

序号	工作流程	操作要点
1	接待客户	
2	收集基本资料	
3	前台下单维修	
4	联系客户取车	
5	结算交车	
6	后续手续处理	

四、计划实施

在老师的带领下,在维修接待前台区域分角色(顾客、SA)模拟接待事故车辆。

场景一:王先生在城市郊区发生交通事故,由于操作不当,王先生驾车右转过程中撞倒了马路边的树,本车受损严重且不能行使。王先生不懂事故的处理流程,致电 SA 求助。请 SA 给王先生专业的建议。

场景二:王先生驾车从后面撞上了李先生的车,交警认定王先生负全部责任。王先生和李先生的车都是丰田系列轿车,但王先生和李先生投保的保险公司不同。今天,二位车主相约一起来维修企业定损维修,作为 SA 你如何接待他们? 在保险理赔手续上,对他们各自有什么要求?

续表

五、质量检查		
实训指导教师检查作业结果,并针对实训过程出现的问题提出改进措施及建议。		
序号	评价标准	评价结果
1	仪容仪表仪态合乎规范,佩戴工作牌	
2	热情接待客户,了解基本出险情况	
3	仔细收齐理赔基本资料	
4	与客户签订代办理赔协议书	
5	积极跟进保险核价和理赔资料交接,通知前台下工单维修	
6	如有追加项目,须联系理赔员重新核价,再追加维修项目	
7	联系客户取车,规范办理交车手续	
8	协助理赔员回收旧件,上交相关单据	
9	接待服务中彰显客户至上的服务理念,保持爱岗敬业、实事求是、精益求精的职业精神	

六、评价反馈		
根据自己在本次任务中的实际表现进行评价。		
序号	评价标准	评价分值	得分
1	仪容仪表仪态符合事故车辆维修接待的服务礼仪	10	
2	热情接待客户,认真了解基本出险情况	20	
3	仔细检查收齐理赔基本资料,以及代办理赔协议书	20	
4	积极跟进保险核价和理赔资料交接,通知前台下工单维修;若追加维修项目,须重新核价,再维修	20	
5	联系客户取车,规范办理交车手续	20	
6	秉承客户至上的服务理念,爱岗敬业、实事求是,精益求精提升服务水平	10	
7	合计(总分100分)		

学生学习目标检查表

你是否在教师的帮助下成功地完成单元学习目标所设计的学习活动？	
	肯定回答
专业能力	
运用客户关怀技巧。	
正确处理客户的异议、投诉和抱怨。	
正确实施汽车紧急救援的工作流程。	
正确实施事故车辆的维修接待流程。	
关键能力	
你是否根据已学的知识完成资料的收集、分析、组织？	
你是否能标准、有效和正确地进行交流？	
你是否按计划有组织地活动？是否沿着学习目标努力？	
你是否尽量利用学习资源完成学习目标？	
素质能力	
你是否具备服务人员规范的仪容、仪表、仪态	
你是否认同客户至上的服务理念	
你是否具有诚信友善的人格魅力	
工作中你是否爱岗敬业,实事求是,精益求精地提升服务水平	

完成情况

　　所有上述表格必须是肯定回答。如果不是,应咨询教师是否需要增加学习活动,以达到要求的技能。

教师签字：_____

学生签字：_____

完成时间和日期：_____

参考文献

［1］唐作厚.汽车维修接待实务［M］.北京:机械工业出版社,2020.

［2］赵苑,刘茜.汽车维修接待实务［M］.北京:北京理工大学出版社,2018.

［3］段钟礼,张揎桃.汽车维修接待实用教程［M］.北京:机械工业出版社,2010.

［4］曾鑫.汽车维修业务接待［M］.北京:机械工业出版社,2013.

［5］金加龙,郭宏伟,吕风伟.汽车维修业务接待［M］.北京:电子工业出版社,2014.

［6］何乔义.汽车服务顾问［M］.北京:化学工业出版社,2018.

［7］宋宝珍、刘金霞、杜燕.汽车维修业务接待［M］.镇江:江苏大学出版社,2017.

［8］叶燕仙.汽车维修业务接待实务［M］.北京:中国人民大学出版社,2019.

［9］马涛.汽车维修业务接待［M］.北京:人民交通出版社,2020.